Ralph Skuban

Das Paradies ist ganz anders

Wahre Geschichten vom Leben und Sterben

Ralph Skuban

Das Paradies ist ganz anders

Wahre Geschichten vom Leben und Sterben

Aquamarin Verlag

Deutsche Originalausgabe
1. Auflage 2018

Voglherd 1 • D-85567 Grafing

Umschlaggestaltung: Annette Wagner unter Verwendung von
© Nika Art 130135037 (shutterstock.com)

Druck: CPI • Birkach

ISBN 978-3-89427-843-4

Inhalt

Über dieses Buch

Dieses Buch erzählt wahre Geschichten. Die meisten weisen eine Verbindung zum Tod auf, zur scheinbar äußersten Grenze unseres Seins, einer Grenze, die alles Lebendige seit Äonen schon überschreiten muss – auch Sie und ich. Jeder weiß das, und dennoch will kaum einer es wahrhaben, weil es bloß ein Kopfwissen ist. Etwas im Kopf zu wissen, kann hilfreich sein, doch ist es nicht einmal ein schwacher Abglanz wirklicher Erfahrung. Mit dem Tod und unserer Vorstellung davon scheint es mir so zu sein, wie es ein altes indisches Epos namens Mahabharata in einem bemerkenswerten Dialog zum Ausdruck bringt. Dort tritt die Weisheit in Gestalt eines Kranichs auf und fragt den Krieger Yudhishthira: „Was ist das wundersamste von allen Dingen in der Welt?“ Yudhishthira antwortet: „Dass kein Mensch denkt, er selber könnte sterben, obgleich er doch alle Menschen um sich herum sterben sieht.“

Was mich betrifft, ich habe wirklich viele sterben sehen, aber auch leben. Einige von ihnen waren fröhlicher als viele Gesunde, die ich traf. Die Begegnung mit der Hinfälligkeit des Menschen, seines Körpers und seines Geistes, wurde zum prägenden Moment in meinem Leben: Mein Beruf war es, pflegebedürftige Menschen, überwiegend Demenzkranke, bis zum Tode zu betreuen. Ich führte eine stationäre Pflegeeinrichtung mit dreiunddreißig schwerst

Pflegebedürftigen, ein Beruf, an den ich mehr oder weniger durch Zufall geriet – falls Zufälle überhaupt existieren.

Ich beobachtete fünfundzwanzig Jahre lang nicht nur jeden Tag aufs Neue, dass Menschen alt werden, dement, krank und schließlich sterben, sah also die Grenzen des Menschseins an sich und das damit verbundene Leid der Pflegebedürftigen wie auch ihrer Angehörigen, sondern ich kam immer wieder auch an meine eigenen Grenzen, an die Grenzen dessen, was ich aushalten konnte. Mein Beruf verlangte mir ab, Pflege in einem „Pflegesystem" zu organisieren, in einem System, das bis heute alle Beteiligten in eine kaum vorstellbare Fremdbestimmung führt; in gefühlte Ohnmacht, verlassen von Politikern, die die Kunst des politisch-korrekten Schönsprechs pflegen, inmitten einer Medienlandschaft, die meist mehr die Sensation sucht als nüchterne und wahrhaftige Betrachtung. Ich sah mich kontrolliert von staatlichen Institutionen und ihren bürokratischen Absonderlichkeiten; von Institutionen, welche die Pflege geplant, dokumentiert und verwaltet wissen wollen in einer Weise, die weder sinnstiftend noch machbar ist, sondern deprimierend und ärgerlich. Nach allem, was ich erlebt habe, verstehe ich nur zu gut, warum so viele Menschen im Gesundheitswesen ausbrennen, warum sie ihren Optimismus verlieren, warum ihr Lebenslicht ausbrennt. Ich kam ja selbst an diesen Punkt ... an diese Grenze ...

Die Grenzen der anderen und meine eigenen Grenzen sind die Folie, vor deren Hintergrund sich mein Suchen nach Wahrheit und Sinn entfaltete. Auf meinem akademischen Weg jedoch, den ich neben meinem Beruf ging, fand ich keine Antworten auf die wichtigen Fragen des Lebens. Bestenfalls schien mir die Wissenschaft die Anzahl der Fragen zu erhöhen, die beantwortet werden wollen.

So jedenfalls empfand ich das nach meiner Promotion in Politikwissenschaft. All die Jahre des Studierens und Bemühens, all die intellektuellen Traktate. Doch was es bedeuten soll, dass ich mit einer ersten Einatmung mein Leben beginne und es mit einer letzten Ausatmung beende, und wie ich die Zeit dazwischen sinnvoll nutzen könnte oder sollte – darauf fand ich keine Antworten. Es sind Fragen wie diese:

Wo komme ich her?
Warum bin ich hier?
Was soll ich hier tun?
Wo werde ich hingehen, wenn ich sterbe?
Warum existiert so viel Leiden auf der Welt?

Alle diese Fragen ruhen eigentlich auf einer einzigen Grundfrage, die lautet:

Wer bin ich?

Oder, allgemeiner formuliert: Was ist der Mensch? Erst, wenn ich weiß, wer ich bin, kann ich doch wissen, was ich hier tun soll. Sei es nun bewusst oder nicht, unser aller Selbstverständnis – das Bild, das wir uns von uns selber machen – liegt unserem Leben und unserem Handeln zugrunde, alldem, was wir für gut oder schlecht halten, was wir wollen oder nicht wollen.

Dass ich in der Wissenschaft keine Antworten fand, soll kein Vorwurf an sie sein. Die Suche nach Sinn und Glück versteht sie eben nicht als ihren Auftrag. Und so sagt sie uns auch nichts über das Einzige, das wir wirklich haben: unser Leben. Doch wenn man so vielen Menschen begegnet, deren Geist zerfällt und die dem Sterben so nahe sind, einem Sterben, das leider meist nicht der „leichte Abgang" ist, der schöne Abschied von der Bühne des Lebens, wie ihn uns der alte chinesische Philosoph Zhuangzi empfiehlt, wenn man alles das sieht und mitten drin ist, dann drängt sich die Frage „Wer bin ich?" übermächtig auf.

Dieses Buch erzählt also wahre Geschichten. Es sind Geschichten vom Leben und vom Sterben. Von Grenzen ganz unterschiedlicher Art, aber auch von Hoffnung und Liebe. Und von der Unsterblichkeit. Jede einzelne Episode ist ein persönliches Schicksal, mit dem ich in Berührung kam, und jede wirft ein Schlaglicht auf die Fragen unserer Existenz: Wer wir sind und was wir hier tun sollen. Einen Versuch, diese Fragen vor dem Hintergrund der hier aufgeschriebenen Erlebnisse zu beantworten, will ich am Ende des Buches wagen. „Was ist der Mensch?“, heißt dies letzte Kapitel, das einen Entwurf für eine neue philosophische Anthropologie andeutet – eine Anthropologie, die nicht intellektuellen Ursprungs ist, sondern aus lebendiger Erfahrung gespeist ist, getragen von der bewussten Anerkennung und Bejahung des Menschen in seiner Zerbrechlichkeit.

Schlüsselmoment

Es gibt Momente im Leben, die alles verändern. In meinem Fall war es ein kurzer Anruf bei der Telefonauskunft vor fünfundzwanzig Jahren. Ich suchte die Nummer eines Pflegeheims in einem kleinen Vorort südlich von München. Meine Mutter hatte mir den Vorschlag gemacht, als Pfleger zu jobben, um etwas Geld zu verdienen und die wenigen Monate zu überbrücken, bis mein Studium an der Universität in München beginnen würde. Ich hatte mich für Musikpädagogik eingeschrieben. Musik war meine große Leidenschaft. Außer Gitarren hatte ich damals kaum etwas im Kopf. Ich schrieb Songs und spielte gleich in mehreren Bands. Ein Beruf, der mit Musik zu tun hatte: Das war die Idee. Doch der Telefonanruf kam dazwischen.

Der Vorschlag meiner Mutter schien so naheliegend, denn die beiden Jahre zuvor hatte ich als Zivildienstleistender in einer Schule für geistig behinderte Kinder und Jugendliche gearbeitet. Dort war ich in der inoffiziell sogenannten „Intensivgruppe" eingesetzt worden, wo die schwersten Fälle mit geistiger und körperlicher Behinderung betreut wurden. Eigentlich lag die Pflege im Vordergrund, viel weniger die schulische Ausbildung. Lesen, Schreiben und Rechnen würde keines der Kinder jemals erlernen, sie konnten ja kaum sprechen. Es ging um die grundlegenden Dinge des täglichen Lebens: Beaufsichtigung, Hilfe beim Essen und Ausscheiden, einfachste Formen der Beschäftigung und Kommunikation. Da sein.

Die kognitiven Fähigkeiten der Kinder waren verschwindend gering. Da war zum Beispiel Elias, ein kleiner griechischer Junge, geplagt von häufigen und massiven epileptischen Anfällen. Oft schlug er seinen Kopf gegen die Wand. Meist lachte er dabei – Schmerz schien er kaum zu fühlen. Die Ärzte sprachen ihm eine nur kurze Lebenserwartung zu. Er sollte dennoch viel länger leben, als alle dachten.

Besonders bewegte mich die Geschichte von Peter: Er lag immer auf dem Boden, auf einer weichen Matte. Aus eigener Kraft zu sitzen, war ihm nicht möglich. Nur den Kopf und einen Arm konnte er willkürlich bewegen. Dennoch lachte er viel. Im Gegensatz zu den anderen Kindern der Intensivgruppe war er gesund zur Welt gekommen. Er wurde zusammen mit seinem Bruder und seinem Vater von einem betrunkenen Raser überfahren. Sein Bruder starb bei dem Unfall. Der Vater war fürs Leben gezeichnet; und die Mutter hatte vom Straßenrand aus zusehen müssen.

Natürlich schwebte oft die Frage im Raum, was das für ein Leben war, das diese Kinder lebten. Warum ein Leben wie das ihre überhaupt gelebt werden musste. Oder ob es gelebt werden wollte. Allzu tief schürfte ich damals freilich noch nicht. Es war wie es war: intensiv eben. Da ich bereits diese pflegebedürftigen Kinder betreut hatte, schien der Vorschlag meiner Mutter so naheliegend. Warum nicht für ein paar Monate in einem Pflegeheim arbeiten? Alte statt Kinder. Alte Menschen können ohnehin wie Kinder sein, am anderen Ende der Lebensstrecke zwar, doch irgendwie kindhaft. Junge Kinder, alte Kinder – Kreise, die sich schließen. So kam es also, dass ich die Telefonauskunft anrief. Dann wählte ich jene Telefonnummer, unter der ich mich heute noch selbst melde, wenn jemand anruft – eine Wahl, die die kommenden Jahrzehnte meines Lebens bestimmen sollte.

Erste Begegnung

Herr Kertész war einer der ersten Menschen, die ich pflegte. Er hatte im Leben nichts ausgelassen. Als Wanderarbeiter war er in der ganzen Welt unterwegs gewesen. Geboren in Ungarn, hatte er später lange Zeit in Australien und Deutschland gelebt und gearbeitet. Seine Sprache war ein seltsames Kauderwelsch aus Ungarisch, Englisch und Deutsch. Er war bei klarem Verstand und konnte sehr fordernd sein. Auch verletzend.

Verletzt werden kann man nur von jemandem, der seine Sinne beisammen hat. Verwirrte verletzen uns nicht, selbst wenn sie eine Wuttirade ausleben. Der Verwirrte weiß nicht, was er tut. Wenn wir uns dessen bewusst sind, macht das schon den ganzen Unterschied. Das zeigt, dass die Verletzung in erster Linie in unserem Kopf passiert und eigentlich keine eigene Wirklichkeit besitzt: Sie ist im Grunde eine Illusion.

So schlecht wie es Herrn Kertész ging, mochte es kaum überraschen, dass er meist mürrisch war. Eine Familie hatte er nicht mehr, irgendwo eine Tochter, zu der keine Brücke führte. Seine Frau hatte ihn schon vor Langem verlassen. Sein Körper war ein einziges Bündel aus Schmerz und Verfall. Dabei war er gar nicht so alt, noch keine siebzig. Alkohol und Diabetes ließen ihn erblinden. Von der kaputten Leber war sein Bauch ganz aufgequollen, ein grotesker Anblick, dieser riesige Bauch, glänzend wie ein Fischleib, obwohl die Haut ganz trocken war. Daran hängend dünne Arme und Beine und ein viel zu groß wirkender Kopf. Beide Fersen waren wundgelegen bis aufs Fleisch. Sie wollten trotz aller Bemühungen nicht mehr heilen. Herr Kertész hatte einen Blasenkatheter, der durch die Harnröhre gelegt war, ein Rohr aus Gummi, das durch sein Glied lief. Weiß Gott, warum man den Katheter nicht durch die Bauchdecke gelegt hatte. Vielleicht war das damals, Ende der Achtzigerjahre, noch nicht gebräuchlich in der Medizin. Wenn der Gummischlauch durch die Harnröhre gelegt ist, dann ist er ewig störend und belastend. Jeden Morgen sammelte sich eine gelb-klebrige Masse am Harnröhreneingang, der sich nur schwer reinigen ließ – jeden Tag aufs Neue die Quälerei. Oft blutete er.

Alle zwei, drei Monate kam ein Urologe, um den Katheter zu wechseln. Stunden vorher schon bekam Herr Kertész Schmerzmedikamente. Er brüllte dennoch jedes Mal. Als Mann braucht man nicht viel Vorstellungskraft, um nachzufühlen, wie es wohl sein mag, wenn ein Schlauch vom Umfang eines dicken Strohhalms durch eine entzündete Harnröhre gezogen und ein neuer eingeführt wird. Bei Herrn Kertész war es immer eine blutige und schmerzhafte Prozedur. Er brüllte: „Joi, joi, joi!" Man hörte es im ganzen Haus. „Joi, joi, joi!" Ich hasste den Urologen.

Herr Kertész konnte sehr wählerisch sein, wenn es um sein Essen ging. Und er tat sich schwer mit dem Kauen, das Gebiss saß wegen des Knochenabbaus im Kiefer nicht mehr gut. Es war eigentlich viel zu groß für ihn, und es klapperte, wenn er kaute. Doch Essen war das, was ihm noch am meisten Freude machte. Welche Optionen hatte er auch sonst? Man musste ihm das Essen eingeben, seine Hände konnte er kaum noch benutzen.

Statt „eingeben" würde ich viel lieber „füttern" sagen, doch diesen Begriff ächtete man in der Pflegebranche irgendwann. Er gilt heute sozusagen als politisch-inkorrekt, weil es heißt, er sei mit der Würde des Erwachsenen nicht vereinbar. Ich habe nie verstanden, warum die Würde eines Erwachsenen beschädigt werden sollte, wenn man „füttern" sagt, die eines Kleinkinds aber nicht. Heutzutage also gibt man das Essen ein. „Eingabe" – das erinnert mich an einen Automaten. Oder an eine Computertastatur. An einen Antrag beim Bauamt. Ein technokratischer Begriff. Der passt gut in die Landschaft, denn kalt, bürokratisch und technokratisch ist die Welt der Pflege schon seit Langem. Immerhin haben wir für alle Vorgänge professionell klingende Begriffe – für eine Pflege, die zum „Pflegesystem" geworden ist. Als promovierter Politikwissenschaftler bin ich es ja gewohnt, Fachbegriffe zu benutzen. Sie sind manchmal geradezu der Inbegriff der Wissenschaftlichkeit selbst: Einer Wissenschaft, die manchmal selbst einfachste Sachverhalte zu Wortungetümen aufbläht. Wie weit Worte doch von der Lebenswirklichkeit weg sein können!

Herr Kertész aß am liebsten Bratkartoffeln. Fast jeden Abend musste ich ihm welche zubereiten. Die Küche war um diese Zeit nicht mehr besetzt. Zwei Pfleger für mehr als dreißig schwerst Pflegebedürftige. Das ist in der Pflegewirklichkeit oft noch heute kein so schlechtes Zahlenverhältnis: Ich habe mit Krankenschwestern gesprochen, die zu zweit für hundertdreißig Patienten zuständig waren oder sogar alleine achtzig Pflegebedürftige im Nachtdienst betreuen mussten. Die knappe Arbeitszeit wird auch noch dominiert von wenig hilfreichen Schreibarbeiten – kein Zweifel: Im Gesundheitswesen laufen manche Dinge mächtig schief. Zwei Pfleger also für dreißig Bewohner. Nicht gut, aber irgendwie musste es ja gehen. Doch nebenbei auch noch Kartoffeln braten und danach von Hand das Geschirr für alle Leute waschen – das war schon eine echte Herausforderung. Doch so war es nun einmal.

Wenn ich Herrn Kertész fütterte, genoss er manchmal den Moment. Er schloss seine ewig klebrigen Augen und sagte: „Good, Herr Ralph, very good!“ Sein Gebiss klapperte. Ein kleiner Moment der Seligkeit. Sein Fenster zum Licht. Ein wenig Konversation dabei.

Jetzt, Jahre später noch, da ich hier sitze und diese Zeilen schreibe, fühle ich mit ihm – heute vielleicht mehr als damals. Auch ich bin älter geworden. Und jeder Tag bringt mich meinem eigenen Tod einen Tag näher. Warum bin ich hier? Was ist der Zweck meines Lebens? Wird es auch mit mir ein solches Ende nehmen? Warum musste Herr Kertész so viel leiden?

Einmal stritten wir uns. Ich weiß nicht mehr weshalb. Vielleicht ging ihm irgendetwas zu langsam voran, da konnte er ungehalten werden. „Fuck you!“, rief er dann. Irgendwann war mir das zu viel. Ich setzte mich zur Wehr. „Nicht mit mir! Nie wieder Bratkartoffeln!“ Irgendetwas in dieser Art habe ich wohl gesagt. Ich verließ das Zimmer. Das tat ihm weh. Mir auch. Eine halbe Stunde später hat er sich bei mir entschuldigt. „Herr Ralph, I‘m sorry!“ Und ich mich bei ihm. Wir haben wieder Frieden miteinander gemacht. Vergebung.

Sein Tod war eine Erlösung. Wie sehr bedauere ich heute, dass ich damals wütend wurde und seinem Elend noch ein weiteres draufsetzte. Auch ich bin „sorry“. Man muss nicht dement sein, um nicht zu wissen, was man tut.

Vision

Nur wenige Jahre nach meiner ersten Begegnung mit der Pflege fand ich mich – mehr oder weniger ungeplant und unerwartet – in der Rolle des Heimleiters wieder. Manchmal frage ich mich, wie das Leben wohl verlaufen wäre, wenn ich hier oder dort eine andere Abzweigung genommen, einen Anruf nicht getätigt oder eine Begegnung nicht gehabt hätte. Eine besonders eindrückliche Begegnung jedenfalls hat zu tun mit einer Nahtoderfahrung.

Herr Fink, der Sohn einer unserer Heimbewohnerinnen, der uns noch Jahre nach dem Tod seiner Mutter regelmäßig besuchte, sprach manchmal mit mir über seine Grenzerfahrungen. Er litt an einer Form des Lymphdrüsenkrebses, die als unheilbar gilt – auch heute noch sterben die Menschen daran, so wie jüngst Katharina, eine unserer Pflegerinnen, die in jungen Jahren schon jäh aus dem Leben gerissen wurde.

Alle Therapien versagten. Die Ärzte sagten Herrn Fink den Tod voraus, schon bald würde er ihnen zufolge sterben. Monate nur sollten ihm noch bleiben. Doch wie Elias, der griechische Junge aus der Intensivgruppe, sollte auch er allen Weissagungen der Mediziner trotzen und schließlich sogar vollständig gesund werden.

Ein neues Medikament gab es damals, noch in der Erprobungsphase. Die Ärzte versprachen sich bei Herrn Fink eigentlich nichts davon. Doch weil er nichts zu verlieren hatte, ließ er sich auf das Experiment ein. Die Chemotherapie war eine Qual. „Die Schmerzen", so erzählt er mir einmal, „waren furchtbar. Es fühlte sich an, als würde ein Lastwagen über mich hinwegfahren und mir alle Knochen brechen." Er ballte die Faust, während er das sagte, um mir die unbändige Kraft dieser Schmerzenergie begreiflich zu machen.

In dieser Zeit hatte er Visionen und eine Nahtoderfahrung. Nicht im Fieberwahn, ganz im Gegenteil. Sie kamen zu Hause über ihn: Augenblicke größter Klarheit. Er sah sein Leben an sich vorüberziehen, alle wichtigen Momente: „Ich erkannte, dass ich immer dann, wenn ich barmherzig war, richtig lag im Leben. Und immer, wenn ich nicht barmherzig war, war es falsch. Das habe ich ganz klar gesehen. Ich weiß es jetzt. Ohne jeden Zweifel." Er lächelt, während er das sagt, und fährt fort: „Lieber Herr Skuban, glauben Sie mir – dass Sie diese Aufgabe erfüllen, Alte und Kranke bis zum Tod begleiten, wird Ihnen vielfach vergolten werden."

Es ist schön, was er da zu mir sagt, bewegend, ein wenig tröstend sogar. Dennoch macht mich das nicht sehr viel glücklicher in der Rolle des Heimleiters, die ich schon so lange spiele. Dann lässt Herr Fink mich teilhaben an einer wunderbaren Nahtoderfahrung:

„Ich war in einem Raum. Der Raum war ganz und gar leer. Niemand war da. Völliger Friede. Und dennoch spürte ich, dass der Raum ganz voll war, angefüllt mit Licht, Güte und Liebe. Was die Kirche die Menschen lehrt, ist Lüge, ein furchtbares Verbrechen. Das Paradies ist ganz anders."

Mich erinnert diese Schilderung an eine Begebenheit, die man sich über den Dominikanermönch Thomas von Aquin erzählt. Er lebte im 13. Jahrhundert und soll mit einem Glaubensbruder einmal Folgendes vereinbart haben: Wer zuerst starb, sollte zurückkommen und dem Freund davon berichten, wie es auf der anderen Seite zuging. Der Klosterbruder starb vor Thomas und erschien ihm nach seinem Tod. Thomas fragte ihn neugierig: „Qualiter? – Wie ist es?" Und sein Freund antwortete: „Totaliter aliter! – Ganz anders!"

Was Herr Fink erlebte, das ist ebenfalls eine „ganz andere" Erfahrung – eine meditative Gipfelerfahrung könnte man sie nennen, ein Erleuchtungserlebnis, das transformiert und das eigene Leben verändern kann. Er sah die Leere, die Fülle ist.

Herr Fink ging durch die Hölle und ist dennoch einer der fröhlichsten, dankbarsten und zuversichtlichsten Menschen, die ich jemals kennenlernen durfte – vielleicht gerade deshalb. Seine Visionen und die Fülle des Lichts, die ihm als Gnade geschenkt wurden, durchwirken sein ganzes Wesen.

Die Reise meines körperlichen Lebens führt unweigerlich an den Punkt, wo ich es aufgeben muss: Ich werde sterben. Vielleicht kann ich mich einer bedrohlichen Krankheit widersetzen und dem Tod noch einmal von der Schippe springen, so wie Herr Fink. Doch auch das ändert nichts am grundsätzlichen Faktum meiner Sterblichkeit. Eigentlich würde ich lieber vom Ablegen meiner sterblichen Hülle sprechen, denn an den Tod als solchen glaube ich nicht. Es erscheint mir völlig unplausibel, an ein Leben zu glauben, das bei meiner körperlichen Geburt beginnt und im Moment meines physischen Todes enden soll, wo doch alles in der Natur mir zeigt, dass das Leben ein nicht endender Kreislauf ist, wo der Tag auf die Nacht folgt, die Blüte auf das Verwelken und jeder Winter von einem Frühling abgelöst wird.

Jedenfalls meine ich, gut beraten zu sein, wenn ich mich mit jenem Übergang auseinandersetze, den wir „Tod" nennen, ein Übergang, den wir fürchten und als das größte Übel ansehen, weil wir fast nichts Hilfreiches darüber wissen, schon gar nicht, wie wir uns ihm stellen sollen. Was lehren wir unsere Kinder über das Sterben und den Sinn des Lebens? Wenn ich einmal im Bett liegen werde, vielleicht hilflos und schwerst pflegebedürftig, und wenn ich dann mein Leben Revue passieren lasse – vorausgesetzt ich bin nicht dement und kann das dann noch –, dann hätte ich doch gern das Gefühl, ohne Reue zurückzuschauen, gewachsen zu sein und vorbereitet auf das, was bald kommen mag. Ich will mich also anfreunden mit dem Tod. Ich versuche das auch hin und wieder.

Manchmal, wenn ich eine Rolltreppe betrete, mache ich ein Gedankenexperiment, eine Art Todesmeditation. Ich denke daran, dass am Ende der Treppe auch mein Leben enden könnte. Ich stelle mir vor, ich hätte nur noch diese dreißig Sekunden zu leben, vielleicht eine Minute, wenn die Rolltreppe sehr lang ist. Ich versuche, mir wirklich auszumalen, dass ich am Ende der Rolltreppe sterbe, versuche, mich einzulassen auf diesen Gedanken und das Gefühl, das entsteht. Was bleibt? Was ist jetzt noch wichtig? Mir fällt nichts mehr ein. Nicht einmal ein letzter Anruf. Die Zeit ist viel zu kurz dafür. Der Schmerz und Groll der Vergangenheit … so unbedeutend … lächerlich geradezu. Eine halbe Minute lang verschwinden die Sorgen. Was kümmert mich das irdische Morgen, wenn ich doch in einer Minute schon fortgegangen sein werde? Wie kindisch ist es doch, sich zu sorgen … offene Augen … den Atem spüren … er ist das deutlichste Zeichen dafür, dass ich noch im physischen Körper bin … Noch dreißig Sekunden leben … dreißig Sekunden sein … Ich blicke nicht einmal mehr ans Ende der Treppe, dorthin, wo auch mein Leben endet. Es gibt nur noch eines: Mit der Treppe fließen und in den Ozean des Lebens eintauchen, aus dem ich gekommen bin.

Koma

Der Chirurg auf der Intensivstation stellt Herrn Gerber vor die Wahl: „Im Gehirn Ihrer Frau ist ein Blutgefäß geplatzt. Das hat eine Masseneinblutung verursacht. Es ist sehr viel Gehirngewebe geschädigt. Wenn wir nicht operieren, wird sie sterben. Wenn wir operieren, wird sie für immer im Koma bleiben. Was sollen wir tun?"

Herr Gerber bewahrt Haltung, als er mir das erzählt. Er spricht vom Druck, den er fühlte, als er über Leben oder Tod seiner Frau entscheiden sollte. Einfach so, ganz schnell. Nicht einmal Zeit zu überlegen. Er entschied sich für die Operation. Äußerlich wirkt er ganz ruhig und gefasst, ein gebildeter Mann, der seine Worte mit Bedacht wählt, sehr kontrolliert, sehr besonnen. Er weint nicht, und doch spüre ich jede Sekunde, dass er gebrochen ist. Erst vor sechs Wochen ist das alles passiert. Jetzt sucht er einen Pflegeplatz für seine achtundvierzig-jährige Frau. Die letzte Station eines Lebens, das zu kurz erscheint. Und ungerecht.

Wenig später zieht Frau Gerber bei uns ein. Eine fingerdicke Kanüle im Hals ermöglicht ihr das Atmen. Über einen dünnen Schlauch, der durch die Bauchdecke in den Darm führt, wird sie mit flüssiger Kost ernährt. PEG heißt das im Fachjargon, das meint: perkutane endoskopische Gastrostomie, eine Magensonde.

Unser Team versorgt Frau Gerber sechs Jahre lang mit viel Hingabe. Keine Bewegung ist ihr möglich, kein Wort kann sie sprechen. Lebendig begraben im eigenen Körper. Was geht wohl in ihr vor? Ist ihr bewusst, dass sie früher zu Hause war bei ihrer Familie, kerngesund? Was mag sie wohl gefühlt haben, als sie nach der Operation ihre Augen wieder öffnete, gefesselt in ihrem unbeweglichen Körper und nicht in der Lage, auch nur einen Wimpernschlag willkürlich zu tun? Apallisches Syndrom oder Wachkoma nennt man diesen Zustand. Bis heute will ich nicht glauben, dass man dabei ohne Bewusstsein ist, wie die Ärzte sagen, dass man „nichts mehr mitbekommt".

Wir können nicht in den Kopf anderer Wesen hineinschauen. Noch weniger können wir die Welt durch die Augen und mit dem Geist der anderen sehen. In unserer individuellen Wahrnehmung sind wir einsame Wesen, jeder für sich, ganz allein im Weltall. Ja, wir können uns mit Worten und Gesten mitteilen. Doch was ich sehe, das sehe nur ich genau so, niemand sonst. Wie sieht die Welt der anderen aus? Empathie ist die einzige Möglichkeit, uns ihrer Welt anzunähern. In „Empathie" steckt das griechische Wort *pathos*, das meint Gefühl. Hineinfühlen – das ist der einzige Weg. Und auch das Hineinfühlen ist im besten Falle ein schwacher Abglanz dessen, was andere erleben, bloß eine irgendwie „gefühlte Vorstellung". Doch es ist alles, was wir tun können, um die innere Einsamkeit unserer isolierten Wahrnehmung zu überbrücken. Einfühlen, Mitfühlen: Das verbindet uns mit den anderen Wesen auf der Welt.

Doch wie fühlt man sich in einen Apalliker ein? Nicht gut jedenfalls, wenn man annimmt, dass da kein Bewusstsein ist. Überdies ist diese Vermutung falsch. Frau Gerber fühlt Schmerz, wie wir bald merken. Ohne Bewusstsein kein Schmerz. Und wo Schmerz ist, da ist Bewusstsein, da ist Leidensfähigkeit. Apparate mögen Hirnströme messen können.; doch ein Hirnstrom oder seine Abwesenheit – besser: Nichtmessbarkeit – sagt nicht das Geringste über das Erleben desjenigen aus, dessen Hirnstrom gemessen wird. Es ist eine bloß quantitative Größe, letztlich nichtssagend. Würde man mir über Nacht ein EEG anlegen, könnte man zum Beispiel immer wieder das Auftreten von Theta-Wellen messen. Der Arzt wüsste, dass ich träume. Doch er wüsste nicht, was ich träume. Und würde er Delta-Wellen messen, könnte er sagen: „Das ist der Tiefschlaf." Jede Nacht gehen wir in den Tiefschlaf. Wir haben keine Erinnerung daran. Doch wir erleben ihn. Was erleben wir wohl dabei? Die indische Mystik sagt, dass wir im Tiefschlaf „die Leere" erleben, einen glückseligen Zustand, dem wir es verdanken, dass wir erholt wieder aufwachen. Was erlebt ein Mensch im Wachkoma?

Immer wieder muss man die Halskanüle absaugen und vom Schleim befreien, um Frau Gerber das Atmen zu erleichtern. Keine Regung. Kein Ausdruck. Dennoch lernen wir sie kennen. Eines Tages meint das Pflegeteam, sie habe Schmerzen. Es ist nur so ein Gefühl, ein intuitives, empathisches Gespür, dass da eine ungute Veränderung vorliegt, die man nicht so genau erklären kann. Sie kommt ins Krankenhaus. Man diagnostiziert eine stark entzündete Milz. Sie verursacht Schmerzen. Antibiotika und Schmerzmedikamente sollen helfen, die Schmerzen zu lindern – jedenfalls diese. Doch wie die Schmerzmittel wirken, kann niemand genau wissen.

Sechs Jahre lang sieht Frau Gerbers Familie sich das mit an. Tausend Male hat ihr Mann schon bereut, sich auf der Intensivstation für die OP entschieden zu haben. Nun kommt er zu mir und sagt: „Bitte stellen Sie die künstliche Ernährung ein. Sofort. Ich will, dass meine Frau sterben kann.“ Wie gut ich ihn verstehe. Und dennoch geht es nicht einfach so. Frau Gerber kam damals mit einer Magensonde zu uns. Wir sollten sie pflegen. Das ist unser Auftrag. Nur deshalb sind wir überhaupt da: Um zu pflegen. Wir kennen sie jetzt so gut, die kleinsten Feinheiten sind uns vertraut. Und jetzt einfach „den Hahn zudrehen“, den Auftrag umkehren? Das war mit dem Team nicht zu machen. Das war uns nicht zuzumuten. Es geht einfach nicht. Nicht so.

Herr Gerber kommt noch ein zweites Mal. „Das Team macht da nicht mit“, sage ich, „das ist für uns ein großes ethisches Problem.“ Als ich das sage, sehe ich mich als verantwortlich Handelnder in einem Pflegesystem, das der dauernden öffentlichen Skandalisierung ausgesetzt ist. Überall herrschen Argwohn, öffentliche Beobachtung, Kontrolle und Angst. Was werden die Menschen „da draußen“ sagen? Der „Große Bruder“ ist überall. Die staatliche Heimaufsicht. Die Medien. Der Medizinische Dienst der Krankenkassen, an dessen Gängelband man sich als Heimleiter vierundzwanzig Stunden am Tag hängen fühlt. Erlebte Unfreiheit. Verantwortung für Dinge, die man nicht recht kontrollieren kann. Ohnmacht. Fremdsteuerung. Und die Rechtslage: Eine einzige Grauzone. Man fühlt sich alleingelassen, konfrontiert mit Unüberschaubarkeit, Unsicherheit und Sorge. Ich sollte nun als Heimleiter die Rolle übernehmen, Frau Gerbers Tod herbeizuführen? Ich verweigerte wieder die Zustimmung.

Ein paar Tage später ruft mich ein von Frau Gerbers Familie beauftragter Rechtsanwalt an. Er droht mir: „Stellen Sie sofort die künstliche Ernährung ein! Wenn Sie damit weitermachen, werde ich Strafanzeige wegen Körperverletzung gegen Sie erstatten.“ Sechs Jahre Pflege, jetzt diese Drohung. Was gestern noch ein Muss war, das ist jetzt eine Körperverletzung? Das fühlt sich einigermaßen absurd an. Ich erkundige mich beim Amtsgericht. Der Richter droht mir ebenfalls: „Wenn Sie die künstliche Ernährung einstellen, werde ich Sie wegen Totschlags belangen." Dann legt er einen Stapel Papier aufs Fax, juristisches Kauderwelsch. Wer versteht hier eigentlich noch, was sein darf und soll und was nicht? Die Lage ist ziemlich verworren und irgendwie zynisch: Hin- und hergerissen zwischen dem Selbstverständnis unseres Auftrags und dem Anliegen der Angehörigen, in einer fast surrealen Situation, in der Anwälte und Richter uns gleichermaßen bedrohen, in einer Zeit, in der die Medien ein Pflegemenetekel nach dem anderen beschwören, eingespannt in eine nicht mehr übersehbare Vorschriftenflut, behördenüberwacht – was soll man da bloß tun?

Wir beriefen eine große Gesprächsrunde ein. Die ganze Familie nahm daran teil, einige Mitglieder unseres Teams, ein Psychologe und ich. Wir schlugen vor, dass die Familie Frau Gerber zu Hause pflegen könnte, mit ärztlicher Begleitung. Man ging diesen Weg. Herr Gerber berichtete mir später, dass im Nachhinein alle froh waren, es so gemacht zu haben.

Jahre später traf ich ihn wieder. Wir begegneten uns ganz zufällig an einer Tankstelle. Er hatte inzwischen schon den nächsten Schicksalsschlag erlitten: Krebs am Zungengrund. Sein Gesicht war noch gezeichnet von der Operation. Doch er wirkte heiter. Gelassen. So viel Schmerz und Tod um ihn. Und dennoch fühlte ich da Heiterkeit.

Die Begegnungen mit schwerst Demenzkranken oder Komatösen, mit Menschen, die an der Grenze zwischen Leben und Tod sind, irgendwo zwischen Bewusstheit und Bewusstlosigkeit, irgendwie an der Grenze des Seins überhaupt – diese Begegnungen werfen die Frage nach dem Menschsein selbst auf: Wer oder was ist der Mensch? Oft habe ich Angehörige von Pflegebedürftigen Sätze wie diesen sagen hören: „Das ist nicht mehr meine Mutter, wie ich sie gekannt habe, sondern jemand anderes, eine andere Person." Natürlich hatten sie irgendwie recht, wenn sie das sagten.

Das Wort „Person" kommt vom Lateinischen *persona*, das heißt Maske. In der Antike meinte man damit die Masken, die Schauspieler auf der Bühne trugen. Personen sind auch Schauspieler. Wir alle sind Schauspieler. Und wir spielen unendlich viele Rollen im Leben. Frau Gerbers Rollen waren zum Beispiel: Frau, Mutter, Ehepartnerin, Deutsche, EU-Bürgerin, Katholikin. Sie hatte eine Identität, einen Namen, eine Sozialversicherungsnummer, einen Beruf und einen Personalausweis. Außerdem ein Haus, ein Auto und ein Bankkonto. Frau Gerber hatte in gesunden Tagen funktionierende Sinne, Wahrnehmungen, Meinungen, Erinnerungen, Gedanken und Gefühle. Und natürlich als äußerlichstes Merkmal ihres Person-Seins – einen Körper. Der war ihr noch geblieben, wenn auch furchtbar verletzt: Eine Kanüle für das Atmen, ein Schlauch zur Ernährung, ein anderer für die Blase, das Gehirn großräumig geschädigt. Der Personalausweis war nur ein Stück Plastik. Immer noch war sie Deutsche, zweifellos, doch das war mehr eine Zuschreibung als eine Wirklichkeit, die irgendetwas über ihr Wesen aussagen konnte. Nahm sie wahr? Bestimmt Schmerz, das haben wir gesehen. Gab es Erinnerungen? Gedanken und Gefühle? Wer kann das wissen? Was von alledem macht einen Menschen zum Menschen?

Was macht mich zu dem, der ich bin? Und was davon kann ich weglassen, um dann immer noch sagen zu können, dass ich ich bin? Wenn mein Bein amputiert ist, scheint das einfach zu sein:

Der Rest von mir, der Körper mit nur noch einem Bein, das bin immer noch ich. Das amputierte Bein aber gehört nun nicht mehr zu mir. Doch ich selbst bin immer noch irgendwie das ganze Ich, auch dann, wenn mein Körper nicht mehr heil ist. Wenn man mir beide Arme und Beine amputierte, so würde ich immer noch sagen: Das bin ich – ein ganzer Mensch, ziemlich lädiert vielleicht, aber eine ganze Person. Und meine Erinnerungen? Was, wenn sie alle wegfielen? Ich würde wohl sagen, dass mein vergangenes Leben verloren sei, doch ich wäre immer noch ganz da.

Was an mir ist also das, was ich bin? Was macht mein Ich zum Ich? Wo ist die Grenze, an der ich aufhöre, ich zu sein? Wer bin ich? Gibt es da einen innersten Kern, der nicht zugrunde geht, wenn ich meine Glieder verliere, meine Erinnerungen, meine Gesundheit, meine Sprache, meine Freunde – oder was auch immer? Oder bin ich bloß eine atmende, denkende und fühlende Bio-Maschine? Doch können Maschinen fühlen? Können sie leben?

Ich habe einmal versucht zu ermitteln, was mich ausmachen könnte. Ich schrieb alles auf, was mir zu mir selbst einfiel: Körperliche Merkmale, Charakterzüge, Beziehungen, Hab und Gut, Gedanken, Gefühle und so weiter. Ich sah mir dieses Bündel an Eigenschaften, Ideen und Dingen an. Bin ich ich, weil ich eine Ansammlung all dessen bin, was ich da aufgeschrieben habe? Wer und wo war ich, bevor diese Eigenschaften ins Leben traten? Und wer oder was werde ich sein, wenn diese Dinge nicht mehr da sind? An welchem Punkt höre ich auf, ich selbst zu sein? Wann starb das Kind, das ich einmal war? Wann stirbt der, der ich jetzt bin, und wer werde ich dann sein? Wer oder was stellt diese Fragen?

Diese Selbsterforschung zeigt mir, dass ich nichts an mir finden kann, was nicht vergänglich ist. Alles, was ich benennen kann, sind nur vorübergehende, fragile und dauernd in Veränderung begriffene Bausteine, nur der äußere Ausdruck einer viel tieferen Wirklichkeit. Unter der Oberfläche von Körper, Gedanken und Gefühlen: Nur da kann ich mein eigentliches Sein finden, die Essenz, vor deren Augen der Film meines Lebens spielt, die Kraft, die mich beatmet, inspiriert, jenes namenlose Etwas, das da war, bevor ich diese Person war, die ich jetzt bin – und das noch da sein wird, nachdem ich als Person gegangen sein werde. Jenes zeitlose und nicht-lokale Unsagbare, auf das Jesus anzuspielen scheint, wenn er sagt: „Bevor Abraham war, bin ich."

Ich mag die oft so verwirrend humorvollen Texte des Zen. Eine spannende Selbsterforschungs-Frage dieser alten Tradition lautet: Wie sah dein Gesicht aus, bevor du geboren wurdest? Es ist ein eigentlich mit dem Verstand nicht zu lösendes Rätsel, weil die Lösung jenseits des Verstandes liegt. Einem solchen Rätsel, so sagt man im Zen, wohnt die Kraft inne, den Verstand zu sprengen und über sich selbst hinauszuführen. Wer ist Frau Gerber jenseits dessen, was wir beschreiben können? Wer ist sie wirklich? Wer bin ich wirklich?

Schneller Tod

Herr Lohmeier erinnerte mich an meinen Großvater – ein bayerisches Original wie aus dem Bilderbuch: Meist trug er ein kariertes Hemd, dazu eine braungrüne Anzughose und schwarze Haferlschuhe. Sogar der Hut mit Gamsbart durfte nicht fehlen. Wie mein Großvater, hatte er für sein hohes Alter eine bemerkenswert gute Konstitution, was sicher daran lag, dass er sein Leben lang viel in die Berge gegangen war. Auch diese Leidenschaft teilte er mit meinem Großvater.

Herr Lohmeier saß oft im Wohnzimmer unseres Pflegeheims und blätterte in einem großen Buch mit Bergfotos. Sein Zeigefinger wanderte dabei so selbstverständlich über die Berggipfel, wie das sein Körper in besseren Tagen getan haben mochte. Dabei erzählte er immer irgendetwas, ein unverständliches Blabla. Trat man neben ihn, drehte er den Kopf zur Seite und nickte zustimmend, so als wollte er sagen: „Schau her, auf diesem Berg, da war ich auch schon!" Er teilte sich auf seine eigene Weise mit, und manchmal unterhielt er sich mit anderen Heimbewohnern angeregt, obgleich sie keinerlei erkennbare sprachliche Inhalte austauschten. Kommunikation ist eben mehr als nur das Übermitteln von Inhalten.

Es gibt noch etwas, das Herr Lohmeier und mein Großvater gemeinsam hatten – einen schnellen Tod. Bei meinem Großvater ging es zwar auf den ersten Blick brutal zu: Er wurde als über Neunzigjähriger von einem Auto überfahren, als er mit dem Fahrrad eine Straße überqueren wollte. Er war auf der Stelle tot – ein schlimmer Anblick für seine Lebensgefährtin, ihn mit einem abgerissenen Bein so daliegen zu sehen. Das Positive daran war jedoch die Unvermitteltheit und Geschwindigkeit, mit der er gehen konnte. Ein Moment nur, dann war sein Geist vom Körper frei. Seinem Sterben ging kein Leiden voraus, keine Pflegebedürftigkeit, keine bekümmerten und überlasteten Angehörigen, kein finanzielles Ausbluten oder Verarmen. Das Leben hatte genug Prüfungen und Härten für ihn bereitgehalten und schenkte ihm nun einen schnellen Tod.

Herr Lohmeiers Tod war geradezu eine Gnade. Er war noch nicht lange im Heim, als es geschah, ein paar Wochen erst. Er stand im Flur und unterhielt sich mit zwei Heimbewohnerinnen. Sein sonnengegerbtes Gesicht strahlte die gewohnte Heiterkeit aus. Dann fiel er um – und war tot. Einfach so. Ein plötzlicher Herztod. Ohne Kampf, ohne Konflikt, kein Schmerz und keine Bettlägerigkeit. Fünf Minuten zuvor noch waren sein Geist und sein Zeigefinger auf den höchsten Berggipfeln Bayerns unterwegs gewesen, dann ging er einfach. Auch so kann Sterben geschehen.

Leider ist es fast immer anders. In fünfundzwanzig Berufsjahren war Herr Lohmeier der einzige Mensch, der mir begegnete, bei dem der Tod so schnell und schön kam. Manchmal kann das Sterben sich lange hinziehen, Jahre sogar, in denen Krise auf Krise folgt und der Tod immer wieder neue Anläufe unternimmt, um dann doch noch einmal Aufschub zu gewähren. Wäre der Tod ein lebendiges Wesen, so wie ihn die Mythen mancher Kulturen verstehen, dann würde ich ihn fragen wollen: „Warum nur können wir nicht alle schnell, leicht und schön nach Hause gehen?“ Ich würde ihm sagen wollen, dass es mir und so vielen anderen Angst macht, einem langen Leiden und Sterben entgegenzublicken, einem, dessen Länge direkt proportional zur technologischen Entwicklung in der Medizin zu sein scheint.

Es mag fast zynisch klingen: Immerhin ist die Chance auf ein wenigstens etwas leichteres Sterben besser, wenn man nicht privat krankenversichert ist. Das erzählte mir Anna. Sie ist eine erfahrene Krankenschwester, die viele Jahre bei uns geringfügig beschäftigt war. Im Hauptjob arbeitete sie damals auf der Privatstation eines Krankenhauses. „Wenn es bei Privatversicherten ans Sterben geht", sagte sie, „dann werden da noch Eingriffe unternommen, die man einem gesetzlich Krankenversicherten niemals zumuten würde. Doch bei den Privaten rechnet sich das." Ich bin als Selbstständiger privat krankenversichert und stelle mir manchmal vor, wie ich an Geräte angeschlossen werde, dicke Schläuche und spitze Kanülen in meinem Körper, ich, der ich keine Kinder habe, die vielleicht einmal darauf hinwirken könnten, dass auf die eine oder andere „therapeutische" Maßnahme verzichtet wird – wenn sie es denn tun würden, denn manchmal versuchen auch Kinder, alles auszuschöpfen, um zu verhindern, dass der physische Tod ihre Angehörigen endlich aus dem Körper befreit.

Könnte man sich das Sterben doch nur aussuchen! Ich würde so sterben wollen wie Herr Lohmeier. Von allen Toden, die ich sah, war seiner am schönsten. Schöner könnte nur noch sein, gesund einzuschlafen, schön zu träumen und nicht mehr aufzuwachen. Oder den Körper sogar absichtlich, vollbewusst und endgültig zu verlassen, wie tibetische Mönche, australische Aborigines und die Weisen des Zen es zu tun vermögen. Auch die indischen Yogis aus dem Himalaya üben sich darin, den Körper vollbewusst zu verlassen. Sie fühlen, wenn es soweit ist. Dann setzen sie sich hin und „sterben“ in Meditation. Sie gehen – und man lässt sie. Man hält sie nicht fest in diesem Gefäß aus Erde, das wir Körper nennen und auf das wir derart fixiert sind, dass alles Unkörperliche, Geistige und Spirituelle sich immer weiter von uns zu entfernen scheint. Die Menschen haben ihre Körper zu Göttern und den Tod zum Todfeind gemacht. Doch vielleicht setzen sie dabei aufs falsche Pferd, denn die Körper sind nur sterbliche Götter, der Tod aber gibt niemals auf. Wir sollten uns also anfreunden mit ihm.

Hiobsbotschaften

„Wie lange wird sich das wohl noch hinziehen?“, fragte mich Herr Moosbauer. Er meinte das Leben seiner Frau. Schon viele Monate wohnte sie bei uns zur Pflege. Sie litt an der Alzheimer-Krankheit, war bettlägerig und konnte nicht mehr mobilisiert werden. Von den Demenzkranken, die ich sah, war sie eine der wenigen, auf deren Seele ein schwerer Schatten lag. Etwas Düsteres umgab ihren Geist. Sie wirkte fast immer angespannt, ängstlich und leidend. Ihr Muskeltonus war hoch, die Ellbogen immer angezogen. Nur selten kam ihr ein spontanes Lachen über die Lippen. Gegen Ende gar nicht mehr.

Herr Moosbauer kam jeden Nachmittag zu Besuch, obwohl er selbst sehr krank war. „Mein Knochenkrebs ist nun schon so weit fortgeschritten, dass ich fürchte, vor meiner Frau zu sterben. Wie geht es dann weiter?“ Als er mir das sagte, ging es ihm nicht so sehr darum, das Formale für den Fall seines Todes zu besprechen. Er wollte mich einfach nur wissen lassen, dass er bald sterben musste. „Da kann man nichts machen“, meinte er – und er sollte recht behalten. Die besten Ärzte konnte er zu seinen Freunden zählen. Immer wieder ging er zur quälenden Chemotherapie. Von Woche zu Woche verlor er an Gewicht. Er war wie ein Licht, das immer schwächer glimmte.

Die Krebsdiagnose hatte er im selben Jahr erhalten, in dem man bei seiner Frau Alzheimer festgestellt hatte. Eine dritte Hiobsbotschaft sollte ihn noch erreichen: Sein Sohn nahm sich das Leben. Der Kontakt zwischen Sohn und Eltern war die Jahre zuvor nicht sehr gut gewesen, sie hatten sich lange nicht gesehen. Herr Moosbauer musste die Leiche in der Wohnung seines Sohnes identifizieren, nachdem diese dort schon Monate auf dem Boden gelegen hatte. Ich wollte mir diese Situation gar nicht vorstellen: Den Anblick einer seit Monaten verwesenden Leiche … der eigene Sohn tot im Wohnzimmer. „Sein Skalp lag am Boden", sagte Herr Moosbauer. Es klang fast lakonisch. Was soll man da entgegnen? Jeder Versuch, einen Trost auszusprechen, würde bestenfalls grobschlächtig wirken. In solchen Momenten kann man eben nichts mehr sagen. Man muss es auch gar nicht. Man kann nur noch zuhören. Die Dinge sind, wie sie sind. In Momenten wie diesem fühlt man sich fast schuldig, eigene Sorgen zu haben, Sorgen, die doch so lächerlich klein anmuten im Lichte solcher Geschichten.

Nachdem Herr Moosbauer mir vom Tod seines Sohnes erzählt hatte, sprach er wieder über das Rudern, das ihm immer so viel Spaß gemacht hatte. Doch nun fehlte ihm die Kraft dazu. Dann ging er hinauf zu seiner Frau und gab ihr das Essen. Wie jeden Abend.

Die Befürchtung von Herrn Moosbauer, er könnte vor seiner Frau sterben, sollte nicht eintreten: Seine Frau ging vor ihm. Es war ein heißer Sommerabend, als unsere Nachtwache uns anrief, um uns über ihren Tod zu informieren. Zu diesem Zeitpunkt war ich mit Klaus, der gemeinsam mit mir und meinen Eltern das Heim leitet, auf einem Konzert. Peter Gabriel spielte. Wegen der Hitze konnte man den toten Körper nicht die ganze Nacht im Zimmer liegen lassen. Auf dem Heimweg machten wir also Halt im Pflegeheim und trugen die Leiche hinunter ins Totenzimmer. Das Leben kann sich so unwirklich anfühlen. Gerade noch ein Spaßkonzert … dann eine Tote forttragen … dann heim ins Bett.

Ich sprach am nächsten Morgen mit Herrn Moosbauer. Er war sehr erleichtert, dass seine Frau gestorben war. Nun konnte er loslassen und selbst sterben. Nur wenige Wochen später erreichte uns die Trauerkarte mit seinem Bild darin und einem wunderbaren Zitat von Albert Schweitzer: „Das einzig Wichtige im Leben sind die Spuren von Liebe, die wir hinterlassen, wenn wir weggehen."

Geist, Demenz und Glück

Das Wort Demenz meint „Abwesenheit von Geist“. Es ist kein so glücklich gewählter Begriff, denn ganz ohne Geist sind auch die Verwirrten nicht.

Natürlich brechen große Teile dessen weg, was wir gemeinhin meinen, wenn wir „Geist“ sagen, Teile jenes Geistes, den wir brauchen, um uns im Alltag zurechtzufinden, um zu „funktionieren“ und die vielen Rollen zu spielen, die uns im Leben zuwachsen. Geist in diesem Sinne, der Geist der ersten oder äußeren Dimension, wie ich ihn nennen möchte, umfasst: Denkvermögen und Vernunft, vorausschauendes Planen und Handeln, „richtige“ Wahrnehmung (was immer das auch heißen mag), angemessene Verhaltens- und Reaktionsweisen, Erinnerungen, Meinungen, Urteile und so weiter. Als „erste Dimension“ bezeichne ich diese Funktionen des Geistes nicht etwa, weil sie irgendwie wichtiger wären als die anderen Aspekte oder weil sie diesen in irgendeiner Weise vorausgingen, sondern einfach deshalb, weil uns der Begriff „Geist“ in diesem Sinne wohl am vertrautesten ist: Denken und Vernunft, diese beiden Aspekte kennen wir. Wir definieren uns als menschliche Wesen geradezu durch sie. Diese Geistdimension geht bei Demenzkranken zum großen Teil – bisweilen auch vollständig – unter. Auf den Punkt gebracht: Denkfähigkeit, Erinnerungen, Vernunft und die Qualität der Wahrnehmung brechen ein.

Wenn wir den Geistbegriff weiter fassen, dann müssen wir als eine zweite Dimension auch die Gefühle dazurechnen. Fühlen können freilich auch schwerst Demenzkranke noch, wenngleich es oft „anders“ und meist viel weniger vorhersehbar ist als bei uns, die wir „gesund“ sind. Uns mag manche Gemütslage eines Demenzkranken nicht passend zur konkreten Situation erscheinen. Das ändert natürlich nichts an seiner Wirklichkeit: Seine Welt ist so real für ihn, wie es die unsrige für uns ist, denn wir sehen und erleben die Welt durch unseren Geist, in dem sie sich spiegelt.

Zum Geist gehört als dritte Dimension das Ego, das Gefühl also, ein Ich zu sein. Ein Ich, das sich von allem unterscheidet, was Nicht-Ich ist: Hier bin ich und dort ist die Welt, getrennt von mir. „Ich bin“ wird zu: „Ich bin dies“ und „Ich bin das“ – ein Mensch, ein Mann, ein Deutscher, ein Heimleiter und so weiter. Und natürlich gehört zwingend auch das Mein dazu: Ich bin dies und das, und ich habe dies und das – einen Namen, einen Beruf, Status, Geld, Beziehungen, ein Auto und vieles mehr. Diese dritte Dimension des Geistes, das „Ich und Mein“, können in der Demenz zerfransen, oft zerfallen sie sogar zur Gänze, das Mein noch vor dem Ich. Das kann auch etwas Gutes für die Demenzkranken haben, weil es Leid beendet. Ich werde darauf gleich noch zu sprechen kommen.

Im weitesten und umfassendsten Sinne ist Geist die spirituelle Dimension des Menschen – und nicht nur des Menschen allein, sondern des Seins schlechthin, die innerste Essenz, der Kern des Lebens, den ich am liebsten das „innere Licht“ nenne. Ich bin mir sicher – und darin stimme ich überein mit allen mystischen Schriften der Menschheit: Es kann niemals aufhören zu leuchten. Es war da, bevor ich in einem sterblichen Körper die Bühne des Lebens betreten habe, und es wird noch da sein, nachdem ich sie wieder verlassen haben werde.

Viele der Demenzkranken, denen ich begegnet bin, waren glücklicher als die Menschen, die mit ihnen zusammenlebten und sie betreuten. Ich habe einige kennengelernt, die fast ständig lachten, immer heiter und gelassen, in sich ruhend und zufrieden. Nicht alle, aber viele. Unter den Gesunden habe ich so viel Heiterkeit nicht allzu oft finden können. Und unter den Angehörigen von Demenzkranken sah ich so manch zerbrochenen Menschen.

Freilich würde ich dem Zustand der Demenz nicht den Vorzug geben wollen. Ich wünsche mir einen klaren und präzise arbeitenden Geist. Doch Demenz und Unglück gehen nicht zwingend miteinander einher, und wenn doch, dann in der Minderzahl der Fälle, die ich gesehen habe (und ich habe viele gesehen). Umgekehrt garantieren uns Intelligenz und Bildung nicht automatisch Glück und Zufriedenheit. Sind nicht manchmal gerade die Klügsten am unglücklichsten, ihre Lebendigkeit begraben unter totem Bücherwissen, einem Wissen, das ihnen nicht das Geheimnis des Lebens preisgeben kann?

Klugheit, Wissen und Erinnerungen, alle Fakten, Zahlen und Datenspeicher, ein noch so wunderbar funktionierender Geist der ersten Dimension also, erklärt weder, woher wir kommen, noch sagt er uns, wohin wir gehen werden. Er vermittelt keinen Lebenssinn. Er macht uns nicht glücklich. Oft steht er dem Glück sogar direkt im Weg, dieser umtriebige Geselle, der uns so manches Mal den Tag verdirbt mit seinem Ärger über das Gestern, und der uns nachts nicht schlafen lässt wegen seiner Sorge um das Morgen, der Geist, der immerzu irgendetwas haben will oder nicht. Und genau da besteht die Verbindung zur Demenz: Abwesenheit von Geist der ersten Dimension muss kein Unglück bedeuten, jedenfalls nicht dann, wenn diese erste Dimension, das Denken und Erinnern, das Vernünftigsein, ganz gegangen ist. Wenn der Demenzkranke nicht mehr im Zwischenreich der „Halbvernunft" lebt, weil er sich seiner Demenz in keiner Weise mehr bewusst ist, wenn er also ganz hineingegangen ist in diesen Zustand. Wenn das Denkorgan sich nicht mehr selbst zum Problem macht, dann lebt der Demenzkranke aus der zweiten Dimension heraus, dem Fühlen.

Zwischen dem Denken und Fühlen gibt es einen Zusammenhang, um den die praktische Philosophie und Psychologie schon seit Jahrtausenden wissen: Negativen Gedanken folgen ebensolche Gefühle auf dem Fuße. Buddha sagte das sehr klar: „Unser Leben wird von unserem Geist geformt, und wir werden, was wir denken. Leiden folgt einem üblen Gedanken, wie die Räder eines Karrens den Ochsen folgen, die ihn ziehen."

Negative Gefühle entspringen so gut wie immer Gedanken, die sich mit der Vergangenheit oder Zukunft beschäftigen, Gedanken also, die uns aus der Wirklichkeit des gegenwärtigen Moments reißen, um uns in die Welt des Irrealen zu versetzen: Das Gestern ist tot und das Morgen noch nicht geboren. Beide sind nicht. Doch wenn unser Geist in ihnen lebt, fühlen wir uns in der Gegenwart schlecht. Obgleich Vergangenheit und Zukunft nicht mehr sind als Erinnerung und Fiktion, verursachen sie Leid im Jetzt. Wir könnten also sagen: Wer nicht denkt, der lebt zwingend im Jetzt. Demenzkranke denken nicht so viel. Sie sind gewissermaßen ohne Geschichte und ohne Zukunft. Deshalb, meine ich, sah ich sie oft so heiter.

Ich habe weiter oben gesagt, dass auch Ich und Mein, die zur dritten Dimension des Geistes gehören, in der Demenz zerfransen, zerfallen. Was ist damit gemeint? Am verständlichsten wird es anhand eines konkreten Falls. Etwa dem von Frau Theisen: Sie ist tief in die Demenz hineingegangen. Manchmal ist ihr danach, einen beliebigen Raum zu betreten. Sie kümmert sich dabei nicht um die Frage, ob dieser Raum „ihr eigener" ist, so wie es ihr übrigens auch egal ist, ob der Pulli, den sie trägt, aus ihrem Schrank stammt oder aus einem anderen. Sie tut, was sie tun will, und folgt ihren Impulsen. Auf gewisse Weise erfährt sie dabei eine große innere Freiheit, die, das sei hier dazugesagt, vom Umfeld des Pflegeheims gestützt und beschützt wird, weil keiner ihr sagen wird: „Das ist nicht Ihr Zimmer, gehen Sie weg!" oder „Sie haben den falschen Pulli an!" Wenn Frau Theisen auf ihrem Bett liegt und ein anderer Heimbewohner kommt, um sich neben sie zu setzen oder zu legen, dann ist das kein Problem für sie. Sie macht keinen Terz daraus, dass jemand „ihr" Bett nutzt. Mein und Dein zerfallen. Wie befreiend: Keiner mehr kann ihre Kreise stören! „Mein Kreis" gehört ja zu „meinem Ich". Doch wenn Ich und Mein versinken, dann haben meine Kreise keine Außengrenzen mehr, das heißt: Das Ego geht. Stück um Stück. Sein enger Griff wird schwach und entlässt Frau Theisen in eine neue Weite der Existenz.

Demenzkranke erleben manchmal, worum viele große Sucher der Menschheit sich ein Leben lang bemühten: Ein Leben ohne das Ego, diesen alten Sklaventreiber, der sagt: „Ich will! Ich muss! Ich darf oder darf nicht! Mehr und immer mehr will ich!" Wie der Trommler auf der Galeere gibt das Ich den Takt vor und wir hängen darin in Ketten. Davon sind viele schwer Demenzkranke völlig befreit. Sie mögen sich dessen nicht bewusst sein, doch was ändert das an ihrer Heiterkeit?

Diese Heiterkeit – woher mag sie kommen? Sie kommt, da bin ich mir ganz sicher, aus einer Tiefendimension des Geistes, aus der vierten, die wir auch spirituelle Dimension nennen können: Das innere Licht strahlt durch ihr Wesen, ungehindert von Ich und Mein, von Urteil und Vorurteil. Es strahlt in den Geist, der die Welt durch Augen sieht, die von allen Konditionierungen befreit sind, fast wie die Augen des Kindes. Deshalb ist ihr Fühlen so heiter, so sorglos. Was kümmert sie das Gestern und all der Groll und Schmerz, der in der Vergangenheit begraben ist, der Ärger, den wir Gesunde oft nicht loslassen können? Und das Morgen – kein Gedanke daran!

Das erinnert mich an einen Zustand innerer Freiheit, der in einer alten taoistischen Schrift beschrieben wird: „Da bekümmert mich nicht das, was sich mir nähern will, da hab ich schon vergessen, was sich von mir entfernt." Demenz und das Tao, sie haben wohl einiges gemeinsam. Freilich: Demenzkranke wissen das nicht. Ich sage manchmal: „Sie sind ‚erleuchtet', ohne sich dessen bewusst zu sein." Unbewusste Seligkeit. Das gilt nicht für alle, das sage ich hier noch einmal und auch mit großem Nachdruck, aber doch für viele.

Die Demenz, so meine ich, beweist uns in großer Lebendigkeit, dass da etwas ist in uns, das uns inspiriert und durchströmt, ein Geist, der kein Wissen braucht, die schiere Lebensenergie, auf die wir stoßen, wenn wir uns aufmachen zu den Grenzen des Seins – jenseits von Zeit und Raum.

Wir wissen nicht, was wir tun werden

Als ich Frau Schindler wegen eines Heimeinzugs ihrer Mutter berate, sprechen wir auch über das Problemfeld der Ernährung. Ihre Mutter heißt Frau Tremmle und leidet an der Alzheimer'schen Krankheit, der bekanntesten und am meisten verbreiteten Form der Demenz. Dass diese Erkrankung nach und nach die Fähigkeiten wegbrechen lässt, selbst einfachste Alltagshandlungen wie das Waschen, Ankleiden oder den Gang zur Toilette selbstständig zu bewältigen, ist für Frau Schindler nichts Neues. Sie weiß auch, dass bei Fortschreiten der Demenz Unterstützung beim Essen notwendig wird: Es ist nichts Ungewöhnliches, wenn Demenzkranke während einer Mahlzeit vergessen zu essen oder vor ihrem Teller sitzen, ihn ansehen und nicht mehr wissen, was sie nun tun sollen. Dann muss man sie unterstützen, oft auch füttern oder – um im technokratischen Fachsprech zu bleiben – man muss ihnen das Essen „eingeben". Alles das weiß Frau Schindler.

Was sie nicht weiß, und da geht es ihr wie den meisten Menschen, ist Folgendes: Schwere Demenzen können so weit gehen, dass die Betroffenen irgendwann nicht mehr wissen, was sie mit dem Essen anfangen sollen, das man ihnen in den Mund gegeben hat. Sie kauen nicht mehr, der Brocken bleibt einfach auf der Zunge liegen. Oder sie kauen ohne Ende und schlucken nicht, weil sie nicht mehr richtig schlucken können, es nicht wollen oder vergessen haben, dass man eben kauen und schlucken muss. Manchmal entwickeln sie keinen Hunger oder Durst mehr. Oder sie haben Hunger, wo sie Durst haben sollten, und Durst, obwohl es Zeit für Hunger wäre. Andere haben zwar Appetit, doch viel zu wenig, als dass es sie am Leben halten könnte. Zwei Löffel Joghurt – und sie fühlen sich gesättigt. Nicht etwa, weil sie depressiv wären und mit dem Leben abschließen wollten, sondern einfach deshalb, weil auch so grundlegende Dinge wie Hunger und Durst mit einem geschädigten Gehirn oft nicht mehr richtig funktionieren und weil auch das Schlucken ein Prozess ist, der nicht ohne Beteiligung des Gehirns vonstatten geht. Kurzum, ich erkläre Frau Schindler: „Es könnte passieren, dass Ihre Frau Mutter irgendwann einmal keine Nahrung mehr aufnehmen kann oder will, dass eine Ernährung auf normalem Wege, über den Mund also, nicht mehr möglich ist. Bitte denken Sie doch einmal in aller Ruhe darüber nach, wie Sie in einem solchen Falle entscheiden würden." Zugespitzt und ganz konkret formuliert, geht es um die Frage: Tod durch Verhungern beziehungsweise Verdursten oder künstliche Ernährung über eine Magensonde? Frau Schindler antwortet so, wie die meisten es getan haben, mit denen ich sprach: „Wenn es mit meiner Mutter einmal so weit kommt, dass sie nicht mehr essen kann, dann soll sie sterben dürfen. Eine Magensonde kommt für mich nicht infrage. Das hätte sie nicht gewollt."

Frau Tremmle war, wie so viele Demenzkranke, eine heitere Person, körperlich mobil und, abgesehen von ihrer Demenz, kerngesund. Sie war über achtzig Jahre alt, hatte immer noch ihre eigenen Zähne und, kaum zu glauben, aber wahr: keine einzige Füllung. Sie spazierte gerne in Haus und Garten herum. Fast jeden Nachmittag begann sie, ihren Lieblingsspruch aufzusagen. Wie ein Mantra intonierte sie: „Schirm, Schal, Kapperl rot und Handschuh. Schirm, Schal, Kapperl rot und Handschuh.“ Ich werde nie vergessen, wie ich sie eines Tages vor einem Plakat stehen sah, das ich im Hause aufgehängt hatte: Es war ein Veranstaltungshinweis der Alzheimer-Gesellschaft. Das Wort „Alzheimer“ stand in großen Lettern auf dem Plakat. Frau Tremmle sah es neugierig an und las langsam und laut: „Alzheimer?“ Dann kommentierte sie kopfschüttelnd und mit dem Ton der Verwunderung: „Kenn ich nicht.“ Wir haben viel gelacht mit Frau Tremmle.

Irgendwann hörte ihr Appetit auf. Sie war immer noch mobil und sehr heiter, meist zum Scherzen aufgelegt. „Schirm, Schal, Kapperl rot und Handschuh.“ Alles war wie immer. Bloß essen mochte sie nicht mehr. Am Scheideweg. Ihre Tochter haderte und entschied sich schließlich für die Magensonde. Also doch.

Unabhängig davon, dass ich das nur allzu gut verstehen kann (geht es doch schwerlich an, jemanden, der körperlich gesund und zudem heiteren Wesens ist, verhungern und verdursten zu lassen), möchte ich Folgendes aufzeigen: Frau Schindler folgte einem Entscheidungs- und Verhaltensmuster, das ich über die Jahre bei vielen Angehörigen von Pflegebedürftigen beobachtet habe, die am Scheideweg standen und über das Problem der künstlichen Ernährung nachdenken mussten. Oft ging es den Betroffenen sehr viel schlechter als Frau Tremmle, sodass eine Entscheidung gegen eine Magensonde möglicherweise viel eher auf der Hand gelegen hätte. All diese Fälle ließen mich ein allgemein menschliches Muster erkennen: Wenn wir über ein mögliches zukünftiges Szenario in unserem Leben nachdenken, dann wissen wir nicht, was wir tatsächlich tun werden, wenn das Szenario Wirklichkeit wird. Wir wissen nicht, wie wir entscheiden werden. Daran ändert alles Nachdenken nichts, denn der Geist der ersten Dimension, das Analysieren, Überlegen und Denken also, entscheidet das offensichtlich nicht. Es ist die zweite Dimension, das Gefühl, das alles verändert. Solange wir über etwas bloß nachdenken, fühlen wir es nicht. Erst wenn Wirklichkeit wird, was vorher nur ein Bild im Kopf war, entscheidet sich, wie wir entscheiden. Nachdenken ist lediglich ein intellektueller Vorgang. Die Wirklichkeit aber ist existenziell. Das eine ist abstrakt, das andere konkret. Vorstellung und Wirklichkeit, Möglichkeit und Sein – Potenzial und Manifestation.

Mich lehrte das Demut: Ich weiß heute nicht genau, was ich tun werde, wenn morgen das eintritt, worüber ich heute noch nachdenke. Wenn ich es zu wissen glaube, dann glaube ich es eben nur, weiß es aber nicht. Ich mag noch so klug sein, doch ich weiß es nicht, jedenfalls nicht sicher.

Das zeigt auch, wie wenig ich mich selbst kenne. Vielleicht, weil ich so viel im Kopf lebe? Wenn ich aber nicht weiß, wie ich entscheiden werde, wäre ich dann nicht gut beraten, mir etwas weniger Gedanken über meine Zukunft zu machen; Gedanken, die oft in Form von Sorgen und Ängsten daherkommen? Erinnert mich das nicht aufs Neue an das Hier-Jetzt, den einzigen Ort, an dem ich leben, und die einzige Zeit, in der ich wirklich entscheiden kann?

Ich weiß nicht, wie die Dinge kommen werden und was ich tun werde. Meine äußere und innere Welt sind also gleichermaßen von Unsicherheit bestimmt. Diese Tatsache ist so ziemlich die einzige Sicherheit, die ich im Leben habe. Nein, eine zweite gibt es noch: dass der Tod kommen wird, jedenfalls der physische, ob mit oder ohne Magensonde. Nichtwissen oder, allgemeiner gesagt, die Unsicherheit und der Tod – diese beiden Grundtatsachen des Lebens sind sicher. Das gilt für alle fühlenden Wesen.

Frau Becker, eine vor vielen Jahren verstorbene Heimbewohnerin, eine der wenigen, die nicht unter einer schweren Demenz litten, brachte diese ewige Grundwahrheit des Lebens einmal so zum Ausdruck: „Herr Ralph, eines hat der liebe Gott recht gemacht: Scheißen und sterben müssen sie alle, die Armen wie die Reichen." Sie schmunzelte dabei und ich muss noch heute darüber lachen – eine Weisheit, die mehr Tiefe hat als viele akademische Seminare, die ich besucht habe. Wissenschaft und Bildung sind nicht gleichbedeutend mit Weisheit und Glück. Sie mögen manches im Leben erklären, uns zusätzlichen Komfort bescheren, doch über das Leben und Sterben selbst vermögen sie nicht viel auszusagen.

Armut

Ein gemütlicher Nachmittag auf der Terrasse sollte es werden. Frau Auberger, ihr Mann, ein paar Freunde. Sie tranken Kaffee, aßen Kuchen, unterhielten sich und lachten. Dann stach eine Biene zu – sie muss wohl auf dem Stück Kuchen gesessen haben, das Frau Auberger aß. Sie bekam einen allergischen Schock und fiel ins Koma.

Ein paar Wochen später zieht sie bei uns ein. Ein Plastikrohr im Hals und zwei Gummischläuche im Leib: Trachealkanüle, Blasenkatheter und Magensonde – wie ähnlich sie doch Frau Gerber sieht. Doch da ist noch etwas anderes, etwas Dunkles: Sie scheint schlimm zu leiden. Der Mund ist immer aufgerissen, so als würde sie schreien wollen. Doch sie kann nicht. Wir machen uns große Sorgen, dass da starke Schmerzen sein könnten. Sie braucht Schmerzmittel. Um das durchzusetzen, muss ich mich mit dem Arzt herumstreiten, der nur tröpfchenweise, homöopathisch fast, nach oben dosieren will. „Die Frau hat Schmerzen, das geht so nicht! Schluss mit diesen Experimenten!“ Ich herrsche den Arzt regelrecht durch den Telefonhörer an, wütend über dieses tagelange Herumprobieren, ab wie viel Tropfen wohl endlich Schmerzfreiheit und sichtbare Entspannung eintreten werden. Was kann man bei Frau Auberger noch „kaputtmachen“? Besser sterben, den Körper endlich verlassen dürfen, als so leben zu müssen. Wir sehen sie jeden Tag, doch der Arzt wirft bei der Visite nur einen kurzen Blick auf sie, einmal in der Woche. „Geben Sie sofort eine ordentliche Schmerzmedikation!“, fordere ich. Er reagiert empört. Vielleicht bin ich auch nicht fair, zu forsch. Sicher meint er es gut mit dem, was er tut. Sei‘s drum! Immerhin bekommt Frau Auberger jetzt mehr. Sie ist dennoch schrecklich anzusehen.

Ihr Mann ist am Boden zerstört, wen mag das wundern. Er achtet sehr auf sein Äußeres und trägt meist einen guten Anzug. Es imponiert mir, dass er so viel Haltung bewahrt, sich noch um sich selbst kümmert, und sei es nur um seine äußere Erscheinung. Obwohl er so deprimiert ist, denkt er nicht daran, die künstliche Ernährung einzustellen. Einmal reden wir darüber. Anders als für Familie Gerber ist das für ihn undenkbar. Ich rate ihm auch nicht dazu. Genauso wenig, wie ich davon abrate. Wie könnte ich auch gut zu- oder abraten in Angelegenheiten, mit deren Konsequenzen andere leben müssen? Frau Auberger bekommt also ihre Nahrung. Und ihr Mann zerbricht Stück für Stück.

Irgendwann wird die finanzielle Seite zum Problem: Aus eigenem Einkommen kann er die Pflegekosten, die ja nur zu einem Teil von der Versicherung abgedeckt werden, nicht mehr bestreiten. Wem es so geht, der kann Sozialhilfe beantragen und das letzte Netz unseres Sozialstaates in Anspruch nehmen. Ein schwerer Gang. Betteln. So sieht man das in Deutschland, dem Land der Versicherungen. Das passt nicht gut in diese Sozialstaatskultur. Das letzte Netz für die letzten Fälle, für die, die durch die größeren Maschen der anderen Netze gefallen sind, für Versager und arme Leute. Das riecht nach „Selber schuld!“ und man wird krumm angesehen. Die Sozialhilfe war seit ihren ersten Tagen, als Reichskanzler Otto von Bismarck sie gegen Ende des 19. Jahrhunderts schuf, genauso gedacht.

Sie stigmatisiert. Das spart Geld, denn manche verzichten auf ihre gesetzlichen Ansprüche.

Doch wer das nicht tut, wer Sozialhilfe braucht und will, der muss sich vorher „nackt“ machen und verbrauchen, was er noch hat. Herr Auberger, beruflich selbstständig und ohne jegliche Ansprüche auf eine gesetzliche Rente, hat eine Eigentumswohnung in Dresden. Es sollte die Alterssicherung für ihn und seine Frau sein. Sie ist noch nicht einmal entschuldet. Er muss sie verkaufen. Seine Frau liegt im Koma, und ihm droht nun Armut, ihm, dem Selbstständigen im guten Anzug, der immerhin so viel gespart hatte, dass es die Aussicht auf ein mietfreies Wohnen im Alter gab. Vorbei. Hätte er doch nur geprasst, wenigstens etwas mehr Spaß gehabt, sein Geld ausgegeben. Dennoch will er nicht, dass die Ernährung eingestellt wird – nicht wegen der Kosten, das kann kein Argument für ihn sein. Ich habe schon erlebt, dass man auf einen schnellen Tod drängte, weil die Pflege zu teuer wurde. Ich will das nicht verurteilen. Wer bin ich, dass ich über den Druck und das Leid der anderen den Stab brechen könnte?

Frau Auberger stirbt bald. Ihr Mann ist total gebrochen und gibt auf. Dann wirft er sich vor einen Zug. Die Angst vor dem Tod ist manchmal kleiner als die Angst vor dem Leben.

Felder der Unendlichkeit

Jürgen, mein kleiner Bruder, legte Hand an sich. Er trank sich in den Tod. Es dauerte Jahre – und machtlos sahen wir dabei zu. Wir redeten auf ihn ein. Zu einer ambulanten Therapie konnten wir ihn immerhin überreden. Lange hielt er jedoch nicht durch. Er hielt sich auch nicht für einen Alkoholiker. Eines Tages lag er tot im Flur seiner Wohnung. In einer Blutlache. Ich werde nie den Anruf meiner Mutter vergessen. Ein schöner, sonniger Tag an einem Wochenende im Sommer. Jürgen ist tot. Ich wusste irgendwie, dass es so kommen würde, dass er es nicht schaffen konnte, sterben musste. Auch mein Vater wusste das. Besser sterben, als sich ins Pflegeheim saufen, dachte er. Ich sah das ganz genauso. In unserem Heim haben wir viele betreut, die sich buchstäblich in die Pflegebedürftigkeit hineingetrunken hatten, haben ihre Wirrnis gesehen, das Leid, das sie sich selbst und ihren Familien zufügten. Die von der Zirrhose zerfressenen Lebern ließen ihre Bäuche aufschwellen, seltsam glänzend. Sie spuckten Blut. Das kam von den Krampfadern in der Speiseröhre. Ganze Brocken von Blut. Jürgens Abgang war schneller. Das immerhin war ein Glück.

Ich war zwar geschockt, als der Anruf kam, aber nicht überrascht. Es hatte so kommen müssen. Jürgen war den radikalen Weg gegangen. Er hatte so unter seinem Dasein gelitten, und doch hatten wir ihm nicht helfen können. Lange Zeit will man ohnehin nicht wahrhaben, dass es da ein wirkliches Problem mit dem Alkohol gibt, dass die Weinschorle am Vormittag keine Ausnahme ist, sondern die Regel. Von der Flasche Schnaps, die er gleich nach dem Aufstehen trank, wussten wir damals nichts.

Wegen einer Alkoholvergiftung wurde er einmal vom Notarzt in die Klinik gebracht. Nach dem Magenauspumpen sperrte man ihn in die psychiatrische Abteilung des Krankenhauses, in die „Geschlossene", wie man so schön sagt. Meine Mutter war vollkommen schockiert, dass ihr Sohn in dieser Abteilung untergebracht wurde, dort, wo auch die „Verrückten und Verwirrten" hinkommen. Der zuständige Arzt meinte lakonisch: „Was wollen Sie? Mit Ihrem Sohn ist es doch ganz genauso wie mit den anderen hier." Das saß! Auch auf Jürgen machte der Vorfall ziemlichen Eindruck. Er erzählte mir, dass die Pfleger „Drecksau" und andere Dinge zu ihm gesagt hätten, als man ihm den Magen auspumpte. Alkoholiker sind nicht eben beliebt.

Jürgen war nicht nur mein Bruder, sondern auch mein Arbeitskollege. Er arbeitete als Koch in unserem Pflegeheim. Es gab Jahre, in denen er heiter war. Doch irgendwann wurde es dunkler um ihn. Sein Verhalten veränderte sich ganz allmählich. Er wurde seltsamer, war oft unverständlich aggressiv, fast immer unzufrieden, oder, wenn nicht, dann übersteigert fröhlich. Das alles ist erkennbar nur in der Rückschau, wo die Zeitlupe des täglichen Lebens zum Zeitraffer wird.

Trotz seines Alkoholismus schaffte Jürgen es noch, sich beruflich zu verändern. Er machte eine Lehre als Tierpfleger – und er zog sie durch. Er liebte die Tiere. Mehr wohl als die Menschen, denke ich. Und ich kann es gut verstehen. Als eine Tierärztin im Zoo von ihm verlangte, ihr bei der Kastration einiger Ferkel zu helfen, weigerte er sich, weil es ohne Narkose geschehen sollte. Für Narkosemittel hatte der Zoo kein Geld. Undenkbar für Jürgen. Das führte beinahe zu seiner Kündigung. Ich bin stolz auf ihn, dass er sich so verhalten hat.

Einem Tierarzt habe ich einmal bei der Kastration eines Ziegenbocks geholfen. Ziegen, so erklärte mir der Arzt, dürfe man nicht in Vollnarkose legen, weil sie das umbringen könnte. So sedierte er das Tier nur. Das arme Wesen brüllte bei der Operation. Ziegen, Kühe und Schweine fühlen Schmerz und Angst so wie wir. Schmerz und Angst sind schlicht universale Naturprinzipien.

Ich schäme mich oft für uns Menschen, wenn wir leidensfähigen und schwachen Geschöpfen Schmerzen zufügen. Dabei geschieht es hunderttausendfach in unserem eigenen Land, jeden Tag. Männlichen Ferkeln werden die Hoden abgeschnitten. Aus wirtschaftlichen Gründen geschieht das ohne Narkose. Man kastriert die Tiere aus einem einzigen Grund: Fleisch und Wurst duften schöner, wenn sie von Schweinen mit abgeschnittenen Hoden stammen. Wir töten nicht nur, um zu essen, sondern wir quälen auch noch, um besser und mehr zu essen, als notwendig ist und uns gut tut. Wir sind vom Habenwollen getrieben. Immerzu. Und wir schauen nicht wirklich hin, wenn das Leiden verursacht.

Die alten östlichen spirituellen Philosophien haben sich intensiv mit dem Problem des Habenwollens (und des Nichthabenwollens als dessen andere Seite) auseinandergesetzt. Sie haben es als das Grundproblem unserer Existenz erkannt: Es kann nie befriedigt werden. Habenwollen führt nur zu noch mehr Habenwollen, so wie Zorn zu noch mehr Zorn führt, Gewalt zu noch mehr Gewalt und Schnaps zu noch mehr Schnaps. Das Habenwollen wurzelt im Ich.

Ich will. Oder ich will nicht. Das treibt die Menschheit an. Und es macht unsere Welt kaputt. Adam Smith, der Philosoph des Kapitalismus, machte das Ich zum begründenden Prinzip seines Denkens: Wenn alle „Ichs" ihr eigenes Wohl verfolgen, dachte er, eines in Konkurrenz zum anderen, dann führe das von selbst zum Besten in der Welt. „Hallo, Mr. Smith", möchte ich ihm heute sagen. „Bitte sehen Sie sich unsere Wälder, Flüsse und Ozeane an! Sie gehen kaputt, weil alle diese Ichs einander zu überholen versuchen!"

Als ich vor vielen Jahren die Bilder von der Kastrationsprozedur bei den Schweinen sah, wurde ich zum Vegetarier. Ich habe seither nie wieder ein Tier gegessen, nicht einmal eine Krabbe.

Ich bin stolz auf Jürgen, meinen Bruder. Er fügte sich selbst Schlimmes zu. Doch sein sanftes Herz schlug für die schwachen Wesen, die er so liebte. Und sein eigenes Vorankommen wäre für ihn nie eine Option gewesen, wenn es über das Leid von Tieren hätte erkauft werden müssen. Sein Herz war offen wie ein Scheunentor für jede Katze, jeden Hund, jedes Ferkel. Allein dafür schon lohnte sein Leben, gelebt zu werden. Würden wir alle so viel Liebe für die Kreatur verspüren wie Jürgen, dann stünde es zweifellos besser um diese Welt.

Leonardo da Vinci, der begnadete italienische Maler, Architekt und Forscher der Renaissance, schrieb einst diese Prophezeiung auf, eine Vision, wie sie drastischer kaum sein kann:

„Sie werden keine Grenze kennen in ihrer Bösartigkeit; durch ihre ungebärdigen Glieder wird ein großer Teil der Bäume in den riesigen Wäldern der Welt zu Boden gestürzt werden; und nachdem sie sich sattgegessen haben, werden sie zur Befriedigung ihrer Gelüste Tod und Drangsal und Mühe und Angst und Flucht jeglichen lebendigen Wesen bringen. […] Kein Ding wird über der Erde oder unter der Erde und im Wasser bleiben, das nicht verfolgt, verjagt oder vernichtet, von einem Land ins andere geschleppt wäre; und ihr Leib wird Grab und Durchgang aller lebendigen Körper werden, die sie getötet haben."

Leid und Tod sind allgegenwärtig. Jürgen wünschte sich Frieden für die Tiere, die er so liebte. Sie waren seine Brüder. So wie er der meine war.

Am Abend nach Jürgens Tod setzte ich mich zur Meditation hin, wie ich das immer tat. Meine Gedanken und Gefühle kreisten um das, was geschehen war. Plötzlich war er da. Intensiv spürbar. Seine Präsenz war so stark, dass ich meine Augen öffnen musste. Er war wirklich da. Ich wusste es. Ohne jeden Zweifel. Ich sah ihn nicht, ich hörte ihn nicht. Und doch spürte ich mit jeder Faser meines Seins, dass er in diesem Moment gegenwärtig war. Ich fühlte ihn. Der Raum war angefüllt mit seiner Präsenz. Mehrere Minuten lang. Auch die beiden folgenden Tage besuchte er mich. Drei Mal. Jedes Mal lief mir ein Schauer über den Rücken. Dann stieg er in den Fluss und kam nie wieder.

Ich war nicht der Einzige, der das Gefühl dieser Präsenz verspürte. Meine Mutter hörte ihn rufen, während sie etwas in der Speisekammer suchte: „Mutti, Mutti! Mache dir keine Sorgen, es geht mir gut!" Den Tod gibt es nicht. Nur ewigen Wandel.

Manchmal stelle ich mir Jürgen vor: Wie er in der Welt der Unsterblichen wandert, mit heiteren Schritten, gelassen und in Frieden, einen Hund an seiner Seite wie einst der Krieger Yudhishthira. Ein altes indisches Epos berichtet, dass dieser tapfere Mann ohne seinen Hund nicht durch das Himmelstor gehen wollte. Gott ließ nach einer langen Debatte den Hund dann doch mit ein. Der verwandelte sich plötzlich in Dharma, ein heiliges Wesen, das für Weisheit und Wahrheit steht. Dass Yudhishthira seinen Hund mit in den Himmel nahm und dies sogar gegen Gott selbst durchsetzte, bereit, auf den Himmel zu verzichten – das war nur ein Test seiner Liebe und Güte. Yudhishthira bestand diese Prüfung.

Wie würden wir bei diesem Test wohl abschneiden? Sollte es ein Jüngstes Gericht geben, dann möchte ich jedenfalls allen Wesen in die Augen schauen können, Menschen wie Nicht-Menschen. Ich will diese Prüfung bestehen – und gemeinsam mit Jürgen über die Felder der Unendlichkeit gehen.

Wann darf ich nach Hause?

Herr Förster besucht mich mit fast mathematischer Regelmäßigkeit. Ein Mal in der Woche betritt er mein Büro und sagt: „Es ist schönes Wetter. Ich möchte zurück nach Griechenland. Lassen Sie mich bitte heim!“ Manchmal fragt er fast aufgebracht: „Wann kann ich denn endlich hier raus?“

Herr Förster war einmal Architekt. Der Alkohol hat sein Leben kaputtgemacht und auch das seiner Familie. Keiner besucht ihn hier. Das ist oft so bei Alkoholikern. Die Sucht richtet verheerenden Schaden in den Familien an. Das können die Angehörigen kaum verzeihen. Wer mag es ihnen übelnehmen?

Alkohol ist eine zerstörerische Droge, ein flüssig gewordener Menschen-Verführer: Überall ist er frei verfügbar, die offizielle Droge der Nation. Das größte öffentliche Besäufnis auf der Welt – das Münchner Oktoberfest – wird von einem Oberbürgermeister eröffnet, indem er den Zapfhahn ins erste Bierfass schlägt. „Ozapft is!“, ruft er dann auf bayerisch, das heißt im Grunde: „Das Fass ist auf, das Bier sprudelt, jetzt besauft euch ordentlich!“

Den Zustand des Betrunkenseins kennt Herr Förster gut. Er hat so viele Flaschen aufgemacht und nicht entsorgt, dass der Amtsrichter, der seine Einweisung in die Psychiatrie anordnete, nicht einmal mehr die Wohnung betreten konnte, um Herrn Förster mitzuteilen, wie es nun weitergehen würde mit seinem Leben. Sein Zuhause war ein Flaschenlager. Der Richter blieb also im Treppenhaus stehen, um dem Betrunkenen zu sagen, dass er reif für die Psychiatrie sei. Das Treppenhaus hatte Herr Förster regelmäßig zum Urinieren und auch für größere Geschäfte genutzt. Welcher Nachbar kann das aushalten?

Nicht nur den Körper richtet der Alkohol zugrunde, sondern auch den Geist, und den oft noch lange vor dem Körper. Jeder Fünfte unserer Heimbewohner trank sich buchstäblich in die Demenz und damit ins Pflegeheim. Die jüngste Bewohnerin war noch nicht einmal vierzig, als sie einzog. Herr Förster kann sich nicht mehr viel merken. Wenn etwas hängenbleibt, dann meistens nur für ein paar Minuten, manchmal auch für ein paar Stunden oder, selten, sogar Tage. In der unmittelbaren Kommunikation aber, da ist er noch ganz gut. Seine geschliffenen Formulierungen offenbaren seinen akademischen Hintergrund. Bildung schützt auch nicht vor Unvernünftigkeit und Demenz.

Als Herr Förster vor Jahren bei uns einzog und an meinem Tisch saß, da fragte ich ihn, der damals einen langen grauen Bart trug – einen Bart, der mich an den alten Griechen Sokrates erinnerte –, ob er denn wisse, wo er jetzt sei. Er antwortete mit einer vielsagenden Geste: Seine beiden Arme streckte er mit überkreuzten Händen nach vorne aus. Eine klare Botschaft: „Schau mich an, gefesselt bin ich. Dein Gefangener." Seine alt-griechische Optik passte gut zu seiner Vita. Lange Jahre hatte er in Griechenland gelebt, ein Haus mit Grundstück und vierzig Olivenbäumen besessen. Bis er eben alles versoff und verlor. Nach Griechenland will er, zurück auf seinen Berg, wie er sagt.

Eine Zeit lang hole ich ihn zwei Mal in der Woche zu mir ins Büro, trinke Espresso mit ihm. Stark und ohne Zucker mag der alte Grieche ihn am liebsten. Dann unterhalten wir uns eine Stunde lang über Gott und die Welt. Doch irgendwann ermüdet mich das. Immer dieselben Gespräche, ein einziges Drehen im Kreise des Wahns. Nein, getrunken habe er nie, das sei alles nur ein Komplott gegen ihn. „Ein Komplott? Aus welchen Gründen?", frage ich. „Mein Grundstück und mein Geld!", sagt er dann. Die Gedanken sprudeln aus ihm heraus wie die Musik von einem Tonband. Alles habe man ihm gestohlen. Der gesetzliche Betreuer habe sich alles unter den Nagel gerissen. Der bekomme jetzt auch noch seine Rente. In Wahrheit geht die spärliche Rente natürlich an unser Heim. Und die Sozialhilfe muss noch dazuzahlen. Zurück wolle er zu seinen Olivenbäumen, die müssten gepflegt und geerntet werden, sagt er, der seinen dicken Bauch aus eigener Kraft gerade einmal ein paar Treppenstufen nach oben tragen kann, bis zum nächsten Bett oder Stuhl.

Heute steht er wieder in meinem Büro. Wie jede Woche erkläre ich ihm kurz, dass es einen Gerichtsbeschluss gibt und er hierbleiben muss. Ich zeige ihm das Papier. Er hat schon vergessen, dass der Richter erst vor ein paar Tagen hier war und den Beschluss um weitere zwei Jahre verlängert hat. Er ist schockiert. „Um Gottes Willen!", sagt er, „Das darf doch nicht wahr sein!" Den Schock von letzter Woche hat er schon vergessen. Eine Möglichkeit, das Gehörte zu verarbeiten und irgendwie zu integrieren, gibt es nicht. Einmal habe ich sogar eine Videoaufnahme von einem Gespräch gemacht, in dem ich ihm erkläre, dass er wegen seines Alkoholismus und aufgrund eines gerichtlichen Beschlusses bei uns wohnt. Bei nächster Gelegenheit zeigte ich ihm den Film. Er schüttelte ungläubig den Kopf und meinte kurz: „Potztausend!"

Das ist das Schlimme an den „Halb-Demenzen“: Nicht mehr hier, in der Welt der „Normalen“, doch auch nicht dort, am Ende des Tunnels, in der totalen Demenz, wo manchmal – so seltsam das auch klingen mag – das Licht wieder scheint. Nie wieder wird er heimkommen. Kein Weg führt zurück nach Griechenland.

Herr Förster ist dennoch gar nicht so schlecht dran: Dafür, dass er „gefangen“ ist, fühlt er sich noch ganz gut, in geordneten und überschaubaren Strukturen lebend, wenn auch das letzte Glück auf ewig verloren bleiben muss. Ein anderer Alkoholiker bei uns, Herr Dreschmann, ein „Münchner Kindl“, ist im Grunde viel schlimmer dran, obwohl er jeden Tag unser Haus verlassen darf. Manchmal bleibt er den ganzen Tag fort. Draußen trinkt er natürlich. Wenn er zurückkommt, ist er entweder verdrießlich oder er grinst auf seine unnachahmliche Weise das Grinsen des Betrunkenen, während er mit einem lauten „Aber Hallo!“ grüßt. Er darf das. Arzt und Betreuer erlauben es. Auch das Gericht hat nichts dagegen. Mehrmals schon mussten ihn Passanten, ein paar Mal auch der Notarzt, von der Straße aufklauben und zurück zu uns ins Heim bringen. Mehr als Schürf- und Platzwunden zog er sich bisher nicht zu. Nach Hause will er, zurück in seine Wohnung, in der er vor seinem Umzug zu uns an jeden nur erdenklichen Platz gekotet hatte. Ich habe die Bilder gesehen. Unvorstellbar. Jetzt wohnt er bei uns und will doch am liebsten wieder so wie früher leben. Wir sehen Herrn Dreschmanns Verfall zu und können nichts tun. Freiheit schließt die Freiheit des Scheiterns mit ein. Und viele scheitern an der Volksdroge Alkohol.

Der Alkoholismus und das Altsein gehen oft zusammen. Meist ist es die Einsamkeit im Alter, die das Trinken auslöst. Was noch tun? Welche Perspektiven hat man schon, wenn man nutzlos geworden ist, verbraucht und abgelebt in einer Welt, die den Nutzen, den Erfolg, die Leistungsfähigkeit, die Schönheit und Jugendlichkeit als ihre Götter verehrt? Herr Förster und Herr Dreschmann – der Grieche und der Münchner: Sie stehen für ein stetig sich vergrößerndes Millionenheer von Trinkenden und Gescheiterten in unserem Land.

Spätestens nächste Woche wieder muss ich Herrn Förster schockieren: „Wann darf ich heim?", wird er mich fragen, die Sehnsucht nach seinem Olivenhain im Herzen tragend. Ich werde ihm einen Espresso anbieten und ihm dann den Gerichtsbeschluss zeigen.

Guten Morgen, schöne Frau!

Tragik und Komik können sehr eng beieinander liegen. Frau Höffler saß bei mir im Büro. Sie begann das Gespräch: „Wissen Sie, Herr Skuban, wann mir klar wurde, dass es nun soweit ist mit meinem Mann, dass ich ihn nicht mehr zu Hause behalten kann, sondern in ein Heim geben muss?“ Ich sah sie aufmerksam an. „Eines Morgens wachten wir auf. Da blickte er zu mir herüber. Er lächelte mich freundlich an und sagte: ‚Guten Morgen, schöne Frau, wer sind Sie denn?‘“ Frau Höffler hatte Tränen in den Augen. Ich konnte nicht anders, aber ich musste lachen. Dann lachte auch sie. Es war einfach viel zu absurd, als dass man nicht hätte lachen müssen.

Partnerkonstellationen sind bei Demenz sehr schwierig, meist viel schwieriger, als wenn die Eltern pflegebedürftig werden. Die Hinfälligkeit der Eltern ist zwar belastend und oft schwer auszuhalten, doch es scheint irgendwie natürlicher zu sein als beim eigenen Ehepartner. Dass die Alten krank werden und gehen, ist ein ehernes Gesetz. Wenn aber der Mensch, mit dem man sein Leben lang Tisch und Bett geteilt hat, so weit in die Demenz geht, dass man nicht einmal mehr erkannt wird, ist das extrem schmerzhaft. Das hält das Ich kaum aus. Doch es kommt immer öfter vor, weil die Menschen eben immer älter werden. Partner stehen das meist nicht lange durch. Zu groß sind der Druck und die Belastung – erst recht, wenn man selbst schon alt ist.

Frau Höffler war zwar viel jünger als ihr an Alzheimer erkrankter Mann, erst Anfang fünfzig. Dennoch schaffte sie es nicht, ihn zu Hause zu pflegen – einen Mann, der nicht mehr ihr Mann war, nicht mehr der, den sie einmal kennen und lieben gelernt hatte. Eine fremde Person im alten Körper. „Guten Morgen, schöne Frau, wer sind Sie denn?" Sie konnte ihn schon allein deshalb nicht zu Hause versorgen, weil sie berufstätig war und es niemanden sonst gab, der beim Pflegen hätte helfen können oder wollen.

Nicht jeder kann pflegen. Ich selbst bin nun seit langer Zeit in der Altenhilfe tätig, doch ich denke, es würde mir sehr schwerfallen, meine Eltern zu pflegen. Sie wollen das auch gar nicht, wie sie mir immer wieder gesagt haben. Mir geht es umgekehrt genauso: Seien es nun meine Eltern oder meine Frau – meine Lieben sollen mich nicht pflegen müssen. Vielleicht klingt das seltsam, wenn es aus dem Munde eines „Professionellen" kommt. Doch vielleicht ist gerade das der Grund: Dass ich so viele Jahren in der berufsmäßigen Pflege steckte. Aber vielleicht kommt ja alles anders. Denn eigentlich wissen wir nicht, wie wir entscheiden werden. Wie sehr ich mir doch einen schnellen und leichten Abgang wünsche!

Frau Höffler kam regelmäßig zu Besuch. Ihr Mann hielt sie für die schöne Fremde und hofierte sie – so wie er jede Frau im Pflegeheim hofierte. Aus seinem Verlangen machte er keinen Hehl, der Zensor im Kopf, die Stimme, die sagt, was geht und was nicht, war gestorben. Freiheit. Er zeigte sich freimütig nackt und bot sich an. Für Frau Höffler war es schlimm, mit anzusehen, wie er jedem „Weiberrock" hinterherstieg, irgendwie eine Karikatur seiner selbst. Er, der alte Charmeur, immer galant, zuvorkommend und perfekte Umgangsformen beherrschend. Was war nur aus ihm geworden! Ihn kümmerte das nicht. Er hatte seinen Spaß. Und er dachte sich nichts Schlimmes dabei, folgte nur seinen Impulsen.

Frau Höffler weinte viel. Oft sprachen wir miteinander. Die Gespräche mit verzweifelten Angehörigen sind ein wichtiger Teil meiner Arbeit. Es ist zugleich einer der wenigen Aspekte, die mir oft Freude gemacht haben. Freude an der Verzweiflung? Nein, so meine ich das nicht. Vielmehr gab es immer wieder Momente, in denen ich fühlte, wie gut es den Angehörigen tat, mir ihr Leid mitzuteilen, sich auszuschütten, jemanden zu haben, der ihnen zuhörte. Bei Demenz geht es den Angehörigen meist viel schlechter als den Betroffenen. Wer tief in der Demenz ist, wenn die erste Dimension des Geistes also gegangen ist, der hat gute Chancen auf Heiterkeit und Leichtigkeit. Doch die Zurückbleibenden, die zusehen müssen, wie ihr Nächster im Geiste Stück um Stück stirbt: Sie sind im Elend.

Lange Gespräche habe ich viele geführt. Und immer wieder merkte ich am Ende solcher Gespräche, die sich ja oft um Leben, Sterben, Spiritualität oder etwa den Sinn und Zweck des Lebens drehten, dass die Schultern dieser traurigen Menschen leichter wurden, dass die Tränen einem Lächeln wichen und in der Dunkelheit ein kleiner leuchtender Punkt aufschien. Das tat manchmal auch mir sehr gut. Ich fühlte mich wie ein Lichtbringer, klein und unbedeutend vielleicht, doch ein Funke Licht ist besser als gar kein Licht.

Frau Höffler fühlte sich sehr erleichtert, nachdem ihr Mann gestorben war. Traurigkeit, ja die war da, intensiv sogar. Aber auch Erlösung. Fünfzig Jahre, das ist doch kein Alter, da wartet noch ein neues Leben, etwas Glück vielleicht. Dieser Satz „Schöne Frau, wer sind Sie denn?“ – er könnte auch am Anfang einer neuen Liebe stehen, die die dunkle Vergangenheit mit hellem Licht überstrahlt.

Vom Licht: Davon handelt die nächste Begebenheit.

Angst und Licht

Als es mir einmal furchtbar elend ging, als Ärger, Sorgen und die ganze drückende Unfreiheit übermächtig wurden, als ich kaum noch Schlaf fand und morgens erschlagener war als vor dem Zubettgehen und nicht mehr weit weg davon, Hand an mich zu legen – ja, es ist wahr: Manchmal wünschte ich einfach, dass mein Licht ausginge –, da nahm ich mir ein paar Tage Auszeit und fuhr in den Norden Deutschlands zu einem netten Kerl, dessen Beruf es ist, sich „Fällen" wie mir zu widmen – den Ausgebrannten. Sie werden immer mehr, ganze Heerscharen davon gibt es schon. Es war keine leichte, aber dennoch eine gute Woche mit viel Ruhe, langen Spaziergängen und innerer Einkehr.

Jeden Morgen sprach ich eineinhalb Stunden mit Falk, dem Burnout-Spezialisten. Es waren gute Gespräche, und sie drehten sich spannenderweise nicht um meinen Beruf und die damit verbundenen Herausforderungen. Es ging nicht darum, was ich in meinem äußeren Leben ändern könnte oder sollte, um meine persönliche „Story", sondern vor allem um die spirituelle Dimension. Das lag nicht an Falk allein. Ich war froh, mit jemandem sprechen zu können, der selbst einen inneren – oder mystischen – Weg ging. Einem, mit dem ich meine Gedanken teilen konnte.

„Mystik“ kommt vom griechischen Wort *myein*. Hinter diesem Wort verbirgt sich gar nicht so viel Geheimnisvolles. Es meint schlicht „die Augen schließen“. Mystiker blicken nach innen, um nach der Wirklichkeit der vierten Dimension ihres Geistes zu suchen, der spirituellen Dimension. Wenn ich mich zur Meditation hinsetze, meine Augen schließe und den Atem beobachte, dann bin ich Mystiker. Ich bin Mystiker auch dann, wenn ich in die spirituellen Schriften der unterschiedlichsten Traditionen der Menschheit eintauche. Laotse, Buddha, Patanjali oder Jesus: Alle waren sie Mystiker. Wären sie sich begegnet, hätten sie sich nicht bekriegt, wie die so nach außen orientierten Religionen es heute noch tun, jede auf ihren eigenen „Wahrheiten“ beharrend, sondern sie hätten sich angelächelt, wissend um die Perlen, die die anderen gefunden hatten. Tempel, Bräuche und Riten kümmerten diese großen Geister nicht. Gott ist nichts Äußerliches, nichts Entferntes. Er ist hier und jetzt, sagen uns die Mystiker. Um das feine innere Licht der Stille finden zu können, müssen wir das äußere grelle und laute Licht immer wieder loslassen, die Augen schließen und in uns hineinhören. Man kann die Sterne bei Tag nicht sehen und auch nicht inmitten einer von Neonreklame durchfluteten Großstadt.

Falk eröffnete das erste Gespräch und fragte mich: „Warum bist du hier? Was suchst du? Was willst du eigentlich?“ Was für Fragen! Gute Fragen natürlich! Was suche ich eigentlich? Ich antwortete: „Ich weiß es nicht so recht … Manchmal wäre es mir am liebsten, überhaupt nichts mehr zu wollen … Wie soll ich dir das sagen? … Ich glaube … ich denke … ich suche nach Gott.“ Es war raus! Endlich hatte ich das einmal ausgesprochen. Endlich. Falk lachte. Es freute ihn: „Das ist toll, denn da fühle ich eine starke Verbindung.“

So wurde mein Burnout-Seminar zu einem spirituellen Gesprächsseminar.

Eine wunderbare Erfahrung war mir während dieser Tage gegönnt. Sie hatte mit Angst zu tun. Und mit Licht. Eines Morgens sagte Falk zu mir: „Hier in dieser ruhigen Umgebung, in der du jetzt bist, in deinem Zustand, kann es durchaus sein, dass dich einmal Angst überkommt, einfach so. Sollte sie kommen, dann erlaube ihr, ganz da zu sein – wenn du kannst, dann lade sie ein." Und er ergänzte: „Auf dem Grund der Angst, da liegt ein Schatz."

Die Angst kam tatsächlich. Mit enormer Wucht. Vielleicht kam sie, weil Falk sie angekündigt hatte? Ich weiß es nicht. Doch eines Nachts war sie da. Ich konnte nicht einschlafen, da überfiel sie mich. Eine grundlose Angst. Sie hatte kein Gesicht, und ich wusste nicht, warum sie da war. Doch sie war so stark, dass sie mir fast den Atem raubte. Sie drückte sich auf meine Brust. Ihr Gewicht war fast physisch, so als läge ein lebendiges Wesen auf mir. Das Atmen wurde schwer, und mein Herz schlug wie ein Stein. So muss es sich anfühlen zu sterben, dachte ich mir. Ich erinnerte mich an das, was Falk gesagt hatte. Ich lud die Angst ein. Ich sprach innerlich mit ihr, als wäre sie eine Person: „Ok, liebe Angst, jetzt bist du also da. Ich erlaube dir, da zu sein. Komm her! Komm einfach über mich. Ich nehme dich in die Arme." Und die Angst wurde noch größer.

Welche Energie und Kraft da aus dem Nichts kam, bodenlos und ohne Grund! Es wurde unerträglich, alles steuerte auf einen Höhepunkt zu, auf ein Umkippen irgendwie … auf ein Sterben … und dann platzte sie … Die Angst platzte. Es war wie eine Explosion im Kopf, und für ein paar Sekunden regnete es Gold, es regnete reines Gold vor meinem inneren Auge, so wie es bei einem schönen Feuerwerk Gold und Farben regnen kann. Und gleichzeitig durchfuhr meinen Körper eine Welle der Energie: Von oben nach unten und zurück. Dann kehrte Stille ein. Die Angst war so plötzlich verschwunden, wie sie gekommen war. Ich fühlte mich innerlich, körperlich rein, vollkommen ausgeputzt. Ich kann den Zustand nur schwer beschreiben. Der ganze Druck, den die Angst aufgebaut hatte, war plötzlich weg, hatte sich aufgelöst in einer Lichtexplosion und sich in goldenen Regen und innere Reinheit verwandelt. Ich stand auf und konnte die ganze Nacht nicht mehr schlafen, so beeindruckend war das Ganze. Die Energie wirkte in mir nach. Ich war bestens gelaunt und fühlte mich gut.

In dieser Nacht der inneren Reinigung habe ich erkannt, dass Angst Energie ist. Sie ist unsere eigene Energie, eine Kraft, die aus unserem Inneren kommt. Und weil ich sie eingeladen hatte, weil ich ihr erlaubt hatte, da zu sein und sich auszudrücken, hat sie sich gelöst, sie wurde befreit, so wie der Fluss befreit wird, den der Staudamm zunächst zurückgehalten hat. Energie ist Licht. Angst ist Licht.

Ich berichtete Falk am nächsten Tag von dem Schatz, den ich am Grunde der Angst gefunden hatte. Er lächelte. Dann machten wir einen Spaziergang. Ich war dankbar – und fast ein wenig stolz, so weit in diese Kraft der Angst hineingegangen zu sein.

Katzenschwanz

Schwere Demenzen können es mit sich bringen, dass jemand kaum noch Schmerz fühlt. Frau Meinl war so jemand, sie schien einfach keinen Schmerz zu kennen – jedenfalls soweit es den Körper betraf. Was ihre Seele anlangte, da war sie eher düster, eine weitere der Ausnahmen unter den Alzheimerkranken. Sie hatte oft etwas Weinerliches an sich, unerklärlich und ohne sichtbaren äußeren Grund, und selbst wenn sie für ihre Verhältnisse relativ ausgeglichen war, wirkte sie unglücklich. Diese Energie war so stark, dass es geradezu unangenehm war, in ihrer Nähe zu sein. Aber der körperliche Schmerz, den wir alle fürchten, der uns das Leben zur Hölle machen kann: Von ihm war sie frei.

Demenzen verändern das Gehirn. Dieses nimmt nur einen kleinen Bruchteil unseres Körpergewichts ein. Etwa 1,3 Kilogramm wiegt es, und dennoch verbraucht es ungefähr 20% aller Kalorien – ein echter Energiefresser. Da verwundert es nicht, dass unser Gedankenkarussell uns müde machen und auslaugen kann, vor allem, wenn es sich um Ärger oder Sorgen dreht. Doch nicht nur für das Denken, Fühlen und Erinnern brauchen wir unser Gehirn. Es steuert auch alle physiologischen Prozesse: Atmung, Herzschlag, Körpertemperatur, Verdauung und die vielen anderen komplizierten Abläufe des Organismus. Auch Schmerzempfindungen sind nur mithilfe unseres Gehirns möglich. Sie verlangen ein Wachbewusstsein – deshalb spüren wir keinen Schmerz unter Narkose und keinen Mückenstich im Schlaf. Selbst wenn wir wach sind, bei klarem Verstand, aber hoch konzentriert und vollkommen in eine Sache eingetaucht, ein Stück weit sozusagen der Welt entrückt, kann es vorkommen, dass wir manches nicht wahrnehmen: Dass es kälter wird zum Beispiel, dass wir vielleicht unbequem sitzen, die Geräusche um uns herum, dass wir ungleichmäßig atmen und anderes mehr.

Bei Frau Meinl funktionierte der Schmerzmechanismus durch die hirnorganischen Veränderungen so gut wie gar nicht mehr. Einmal stand sie auf der Treppe. Am Schienbein klaffte eine riesige Wunde. Wie weh es schon tun kann, sich am Schienbein nur leicht zu stoßen! Ein Fleischfetzen, handtellergroß, hing herab, der Knochen war zu sehen. Sie musste sich irgendwo massiv gestoßen haben. Sie bemerkte nichts, stand einfach da, als wäre nichts passiert.

Ein anderes Mal holten Frau Meinls Kinder sie ab zu Kaffee und Kuchen daheim. Zu Hause stieg sie der Katze auf den Schwanz. Die schrie und wollte sich aus ihrer schmerzhaften Lage befreien. Doch Frau Meinl blieb ungerührt wie damals auf der Treppe. Sie bekam nichts mit, spürte nichts und reagierte nicht. In ihrer Verzweiflung verbiss sich die arme Katze so schlimm in Frau Meinls Wadenmuskel, dass sie diesem starke Verletzungen zufügte, noch bevor Frau Meinls Kinder beide vor weiterem Schaden bewahren konnten. Frau Meinl musste ins Krankenhaus. Ich weiß nicht, wie es um den Schwanz der Katze bestellt war.

Frau Meinl fügte der Katze nicht mit Absicht Schmerz zu. Dennoch erinnert mich diese Mensch-Tier-Begegnung, die so schmerzhaft für die Katze war, nicht aber für den Menschen, an den englischen Juristen und Philosophen Jeremy Bentham, der sich im 19. Jahrhundert viele Gedanken über den gefühllosen Umgang des Menschen mit den Tieren machte. Er dachte über die Rechte der Tiere nach und schrieb:

„Es gab eine Zeit, und es betrübt mich zu sagen, dass sie an vielen Orten noch immer andauert, zu der das Gesetz den größeren Teil der Spezies unter der Bezeichnung Sklave ebenso behandelte wie zum Beispiel heute noch [...] die Tiere. Der Tag wird kommen, an dem auch den übrigen lebenden Geschöpfen die Rechte gewährt werden, die man ihnen nur durch Tyrannei vorenthalten konnte. Eines Tages wird man erkennen, dass die Zahl der Beine, die Behaarung der Haut und das Ende des os sacrum sämtlich unzureichende Gründe sind, ein empfindliches Lebewesen dem gleichen Schicksal zu überlassen!“

Bentham dachte, wie viele Philosophen vor ihm, über den Unterschied zwischen Mensch und Tier nach, über die Grenzlinie zwischen beiden, die zugleich die Möglichkeiten und Grenzen des Umgangs mit dem schwächeren Teil der Schöpfung markiert. Und im Zusammenhang mit Demenzen und dem so hochgehaltenen menschlichen Prinzip der Denkfähigkeit gewinnt seine Aussage wirkliche Brisanz. Sie stellt zugleich unsere Ethik vollkommen infrage. Der Tierrechtler Bentham fragt:

„Aber welches andere Merkmal könnte die unüberwindliche Grenzlinie sein? Ist es die Fähigkeit zu denken oder vielleicht die Fähigkeit zu sprechen? Doch ein erwachsenes Pferd oder ein erwachsener Hund sind weitaus verständiger und mitteilsamer als ein Kind, das einen Tag, eine Woche oder sogar einen Monat alt ist. Doch selbst wenn das nicht so wäre, was würde das ändern?“

Die Denkfähigkeit also ist ein schlechtes Kriterium, um das Besondere des Menschen in Abgrenzung vom Rest der Schöpfung zu markieren. Bei Demenzkranken wird das überdeutlich. Kann es überhaupt um das Denken gehen? Müssen wir nicht vielmehr unseren Blick auf etwas ganz anderes richten? Bentham schreibt – und ich bin hier einer Meinung mit ihm:

„Die Frage ist nicht: Können (die Tiere) denken? oder: Können sie sprechen?, sondern: Können sie leiden?"

Wie sähe die Welt wohl aus, wenn die Vermeidung von Leid bei allen Geschöpfen zur Handlungsmaxime des Menschen würde?

Diesen und anderen Fragen wollen wir, das sei hier schon gesagt, im letzten Kapitel dieses Buches nachgehen, das die Frage stellt: „Was ist der Mensch?" Die Begegnung mit Demenzkranken, mit Menschen an der Grenze des Lebens, an der Grenze zum Tod, wirft ein Schlaglicht auf das Wesen des Menschseins an sich und auf die Folgen für die Ethik.

Doppelte Grenzüberschreitung

„Meine Tochter fährt über die Grenze in die Schweiz zum Sterben." Frau Kallweit erzählte mir das mit scheinbar stoischem Gleichmut. Das Schicksal fasste sie hart an: Ihr Mann war bei uns zur Pflege, dauernd bettlägerig, keine Aussicht mehr auf viel Lebensqualität. Und dann diese Nachricht.

Frau Denk, ihre Tochter, war auf einer Beerdigung, als sie die ersten Symptome ihrer Krankheit spürte. Welche Ironie des Schicksals: Die ersten Symptome ihrer absolut unheilbaren und tödlich verlaufenden Krankheit bemerkte sie auf einem Friedhof. Sie spürte ein Zucken in den Oberschenkeln. Dass es ab und an zuckt bei uns Menschen, ist nichts Ungewöhnliches. Die Augenlider können zucken, der Mund, auch an den Armen oder Beinen haben manche das, oder es flattert im Gehörgang – alles normal oder besser gesagt: Im Rahmen des „ganz normalen Wahnsinns", den man Stress nennt – eine der schlimmsten Plagen der Zivilisation.

Doch bei Frau Denk war es anders. Bei ihr war es ALS, das steht für amyotrophe Lateralsklerose, eine seltene degenerative Nervenerkrankung. In Deutschland trifft es jährlich 2 oder 3 von 100.000 Menschen. Der wohl bekannteste ALS-Patient der Welt dürfte das Physik-Genie Stephen Hawking sein, der ungewöhnlich lange mit dieser Krankheit lebte. 1963 stellte man ALS bei ihm fest und sagte ihm damals eine Lebenserwartung von nur wenigen Jahren voraus. Er strafte alle Ärzte Lügen, deren Voraussagungen ohnehin oft nicht viel mehr sind als Kaffeesatzleserei. Hawking lebte lange, freilich mit kaum vorstellbaren Beeinträchtigungen. Er war komplett gelähmt, und sogar beim Sprechen brauchte er die Hilfe eines Computers, den er mit seinen Augen steuerte.

Wie wenig treffsicher medizinische Prognosen sein können, habe ich selbst immer wieder erlebt. Ich erinnere mich zum Beispiel an Frau Walser, eine Heimbewohnerin, die buchstäblich zum Sterben zu uns verlegt wurde. Der Arzt am Telefon sagte damals: „Eine Woche wird sie vielleicht noch leben, wenn überhaupt." Sie hatte Leberzirrhose im Endstadium, schlimmen Diabetes und anderes mehr. Ein Jahr und eine Beinamputation später zog sie wieder nach Hause – zum Leidwesen ihres Mannes, denn der hatte sich in der Zwischenzeit eine neue Freundin angelacht (sie wartete bei seinen Heimbesuchen immer draußen im Auto). „Dem mache ich einen Strich durch die Rechnung!", sagte seine Frau oft. Sie wusste von seiner Affäre. Ich würde ihn für sein Fremdgehen nie verurteilen wollen. Herr Walser war gesund, wollte noch leben, auch seine Sinne ausleben.

„Dem mache ich einen Strich durch die Rechnung!" Diese Energie, es ihrem Mann heimzuzahlen und wieder nach Hause zu kommen, nicht im Heim das Zeitliche zu segnen, jedenfalls noch nicht so bald: Diese Energie hielt Frau Walser nicht nur am Leben, sondern machte sie praktisch gesund.

Medizinische Prognosen kann man manchmal also gut in den Wind schreiben. Doch immer wieder treffen sie natürlich auch zu. Bei Frau Kallweits Tochter ist das so. Und es ist bitter. Als sie mir berichtet, dass ihre Tochter ALS hat, mit einer Stimme, die so rauchig ist wie der Qualm der dünnen Zigarette, an der sie zieht, weiß ich wirklich nicht mehr, was ich sagen soll. In einem solchen Moment hilft alle Trösterei nicht viel. Da redet man gleich übers Eingemachte: „Wie lange sagen die Ärzte, dass sie noch leben wird?", frage ich. „Ein, zwei Jahre", sagt Frau Kallweit.

Treffen um Treffen erfahre ich, welche Gliedmaßen nicht mehr gut funktionieren, wie die Lähmung ohne Gnade fortschreitet, wie das Haus umgebaut, die Türstöcke verbreitert und die Badewanne ausgetauscht wird. „Jetzt kann sie ihre Beine gar nicht mehr bewegen." Dann kommen die Hände dran. Frau Denk erlahmt, langsam, unaufhörlich. Am Ende des Weges wartet der Erstickungstod, weil auch die Atmung erlahmen wird. Frau Denk will das nicht abwarten, will vorher in den Freitod. Das ist in Deutschland verboten. Frau Denk ist dankbar, dass es die in dieser Hinsicht liberale Schweiz gibt (so wie auch unsere Familie dankbar dafür war, dass es die Schweiz gibt, da Jürgens Asche dort ohne Urne in die Erde kommen konnte, denn ohne ordentlichen Behälter darf man in Deutschland nicht eingegraben werden). Ein Stück Freiheit – wenigstens am Ende des Lebens.

Frau Denk geht über die Grenze, gleich doppelt: Erst über die Grenze des Landes, in dem sie nicht so sterben darf, wie sie sich das wünscht. Dann über die Grenze des Lebens: Sie bekommt Gift. Und sie erfährt einen schnellen, leichten Abgang. Die Mutter ist dabei. Ein Geschenk nach zweijähriger Qual.

Frau Kallweit kommt noch oft zu uns, auch nach dem Tode ihres Mannes. An Weihnachten bringt sie selbstgebackene Plätzchen mit. Sie zieht an ihrer Damenzigarette. Und zu Hause trifft sie schon die Vorbereitungen für ihre am Horizont aufscheinende eigene Pflegebedürftigkeit. Kochen geht nicht mehr gut. Stattdessen

Essen auf Rädern. Keine großen Wünsche mehr. Vom großen Haus in eine Wohnung umziehen. Ein wenig leben noch. Gevatter Tod klopft bald an. Hoffentlich sanft.

Tunnel

„Sie haben eine Multi-Infarkt-Demenz", sagte der Neurologe zu Frau Wiesberger. Damals war sie noch leitende Angestellte einer Münchner Behörde. Kleine Hirnschläge, einer nach dem anderen, sollten in den darauffolgenden Jahren nach und nach das gesamte Hirngewebe zerstören. Nach jedem Schlag war wieder ein wenig mehr kaputt, ging weniger im Leben. Am Ende stand sie bloß noch vor dem Kopiergerät, weil jede andere Aufgabe sie überfordert hätte. Irgendwann ging selbst das nicht mehr. Sie erlebte ihren Abstieg vollbewusst.

Eines Tages zog Frau Wiesberger bei uns ein. Hansi, ihr Wellensittich, kam mit. Sie wanderte oft durch die Gänge des Pflegeheims und rief nach ihm. Doch wenn sie vor seinem Käfig stand, erkannte sie ihn nicht. Hansi war nur noch eine schwache Erinnerung in ihrem Kopf. Ein Erkennen in der Lebenswirklichkeit war nicht mehr möglich. Irgendwann hörte sie auf, ihn zu rufen. Schlag auf Schlag, Nadelstich für Nadelstich, schritt die Demenz voran. Frau Wiesberger litt – und ihr Sohn mit ihr. „Was ist das bloß für ein Leben?", fragte er mich oft. „Wenn sie doch bloß sterben könnte!" Schließlich wurde sie bettlägerig. Ihr leerer Blick wanderte durch das Zimmer. Doch der Schmerz war weitgehend fort. Sie hatte den Tunnel durchquert. Endlich.

Tunnel ist das Wort, das ich gerne benutze, wenn ich vom Gang in die Demenz hinein spreche. Das Ende des Tunnels ist meist auch das Ende des Leidens. Der Volksmund spricht im Zusammenhang mit Demenz manchmal von „geistiger Umnachtung". Doch am Ende des Tunnels wartet nicht die Nacht, sondern Licht. Im Tunnel selbst: Ja, da ist es dunkel, doch an seinem Ende kann es taghell sein, kann der Schmerz der entspannten und heiteren Gelassenheit weichen.

Erinnern wir uns an Herrn Höffler. Als er damals zu seiner Ehefrau sagte „Guten Morgen, schöne Frau, wer sind Sie denn?", da war er schon weit in den Tunnel hineingegangen, so weit, dass auch Medikamente keinen Sinn mehr machten. Oft spreche ich mit den Angehörigen von Demenzkranken über Sinn und Unsinn medikamentöser Behandlungen. Ich werde immer wieder gefragt: „Soll meine Mutter weiter die Medikamente gegen Alzheimer nehmen?" Ich frage dann zurück: „Haben Sie den Eindruck, dass sie damit leichter ihren Alltag bewältigen kann?" Meist bekomme ich ein „Nein" zur Antwort: Das Medikament hat eine Zeit lang gewirkt. Doch dann ist auch damit kein halbwegs erträgliches Leben zu Hause mehr möglich. Ich frage weiter: „Denken Sie, dass Ihre Mutter durch die Medikamente eine höhere Lebensqualität hat?" Ich höre das vertraute „Nein". Dann sage ich immer: „Fragen Sie den Arzt, aber ich denke, eine weitere Gabe macht wohl keinen Sinn. Die Demenz wird unaufhaltsam fortschreiten. Die Medikamente haben starke Nebenwirkungen. Und: Wenn Ihre Mutter tief in der Demenz ist, hat sie eine gute Chance auf mehr Wohlbefinden und Heiterkeit. Warum also auf zweifelhafte Weise hinauszögern, was unaufhaltsam ist und zudem das Ende des Leids verspricht?"

Bei Demenz ist die Zeit des Übergangs die schlimmste Zeit. Manchmal „funktioniert" man im Alltag noch - zwar oft mehr schlecht als recht –, manchmal aber auch gar nicht mehr. Das Leben oszilliert zwischen „es geht noch" und „nichts geht mehr", je nach Tagesform und Situation. Solange man sich dessen gewahr ist, verursacht es Leid. Ich werde nie Frau Fischer vergessen, diese gut aussehende, sensible und feine ältere Dame. Sie war an Alzheimer erkrankt, aber noch nicht ganz durch den Tunnel der „Halbvernunft" gegangen. Ab und an bemerkte sie, dass nicht mehr alles in Ordnung war mit ihr. Einmal stand ich gerade neben ihr, als sie sich auf einen Stuhl setzen wollte. Es klappte nicht, sie setzte sich daneben. Ich konnte sie gerade noch auffangen und half ihr auf den Stuhl. Sie erfasste diese Szene, hatte einen Moment klaren Gewahrseins, ein Bewusstsein dafür, dass sie nicht mehr so konnte, wie sie wollte. Dann liefen ihr Tränen über die Wangen. Sie weinte, weil sie es nicht mehr schaffte, sich selbstständig hinzusetzen. Nicht einmal das also. Das tat auch mir weh.

Der Prozess des Abbaus, der Tunnel, hält Schmerz bereit. Nachdem Frau Fischer ganz in die Demenz hineingegangen war, lachte sie sehr oft. Am Ende des dunklen Tunnels, wenn die erste Dimension des Geistes verloren gegangen ist, scheint also wieder Licht, und die Fröhlichkeit kann Einzug ins Leben halten. Manchmal kommt mir der Gedanke, dass so manche Seele sich vielleicht deshalb entscheidet, in die Demenz zu gehen, weil es ein Ausweg aus dem Schmerz des Lebens ist. Demenz als Flucht.

Bei Frau Wiesberger war es freilich ein langer und schmerzhafter Abschied von der Normalität des Lebens. Das Kopiergerät, das zwischen der Düsternis am Tunneleingang und der entspannten Helligkeit an dessen Ende stand, ist ein bitteres Symbol für ihren

Weg. „Was ist das nur für ein Leben?“ Jedes Mal, wenn ihr Sohn sie besuchte und mit mir sprach, stand diese Frage wieder im Raum.

Eines Tages bekam Frau Wiesberger eine schwere Infektion. Lange schon lag sie im Bett, kaum noch reagierend, ganz eingekehrt in ihre uns unzugängliche innere Welt, ihr Geist eingesperrt in ein Gehirn, das so eng geworden war wie der Käfig, in den sie ihren armen Wellensittich gesperrt hatte. Nie wieder fliegen. Ich rief ihren Sohn an: „Herr Wiesberger, Ihre Mutter hat eine Infektion. Wünschen Sie, dass sie ins Krankenhaus gebracht wird? Wenn nicht, wird sie wahrscheinlich sterben.“ Endlich, dachte ich, ist sie da, die Chance auf den Tod. Herr Wiesberger war jedoch total überfordert, erschrocken sogar, dass ich überhaupt fragte, ob seine Mutter ins Krankenhaus solle. Ich erklärte ihm, dass wir uns immer mit den Angehörigen abstimmen müssen, ob eine Behandlung erfolgen soll, außer in einer akuten Notsituation: Da muss einfach schnell ein Notarzt her, und man hat gar nicht die Möglichkeit, zuvor Gespräche zu führen, um das Für und Wider eines Eingriffs zu besprechen. Jedenfalls gibt es immer wieder Fälle, in denen eine lebensverlängernde Behandlung nicht gewünscht ist. Herr Wiesberger wollte, dass seine Mutter ins Krankenhaus gebracht wird. Sie kam also in die Klinik, und die Infektion wurde erfolgreich behandelt. Sie lebte noch längere Zeit bei uns, bevor sie endlich sterben konnte.

Am Tag ihres Todes kam Herr Wiesberger zu mir, seine Lebensgefährtin an seiner Seite. Er erzählte mir, dass er es oft bedauert hätte, die Chance auf den Tod damals nicht beim Schopf gepackt zu haben. „Das war ein Fehler“, sagte er. Ich erwiderte: „Nein, das war kein Fehler. Sie haben zu jeder Zeit genau das getan, was Sie zu dieser Zeit eben tun konnten.“ Sein Gefühl – die zweite Dimension des Geistes – ließ es damals nicht zu, sich für den Tod seiner Mutter zu entscheiden. Und ich kann das gut verstehen, weiß ich doch, dass ich nicht weiß, wie ich mich entscheiden werde, wenn mich eines Tages einer fragte: „Leben oder Tod?“ Wenn ich es einst fühlen muss, dann werde ich es wohl wissen. Und ich wünsche mir, dass der Kelch, aus dem Frau Wiesberger trinken musste, an meinen Eltern und mir vorübergehen möge.

Wir können die Pflege so gestalten in diesem Land, wie wir wollen – gut, achtsam, liebevoll und wertschätzend für alle Beteiligten, oder bürokratisiert, technokratisch kalt, justizialisiert, zynisch und ökonomistisch. Doch eines wird immer bleiben: Die Tatsache nämlich, dass Pflegebedürftigkeit als ein Lebensrisiko wohl das Letzte ist, was wir uns für uns selbst wünschen. Lieber mit „Hartz-IV“ stigmatisiert am Rande der Gesellschaft leben oder mit einer schwierigen Krankheit kämpfen, als nicht mehr selbst auf die Toilette gehen zu können, den physischen Tod vor Augen. Etwas anderes zu sagen, wäre unwahrhaftig. Und so bin ich, der Heimleiter, einer, der zuständig ist für das, was alle Menschen am wenigsten wollen. Gäbe es einen Knopf, den man drücken könnte, um alle Menschen für immer vom Risiko der Pflegebedürftigkeit zu befreien: Ich wäre der Erste, der ihn drücken möchte!

Frau Spieglert stirbt jeden Tag aufs Neue

Heute ist einer dieser Montage. Außerdem der 72. Geburtstag meiner Mutter. Wir werden eben nicht jünger. Vor wenigen Wochen erst brach sich mein Vater einen Rückenwirbel und macht nun seine ersten Erfahrungen im Rollstuhl. Manchmal sehe ich in der Ferne ein drohendes Szenario, eine dunkle Vision: Meine Eltern und die Eltern von Silvia, meiner Frau, alle zusammen pflegebedürftig. Ein Albtraum-Szenario. Es ist nicht hilfreich, daran zu denken, aber sehr abwegig ist es auch nicht. Ok, zweiundsiebzig „erst", das ist im Falle meiner Mutter kein wirkliches Alter, sie ist ja noch ziemlich gesund und sehr aktiv. Die Jahre sieht man ihr nicht an. Sie ist immer noch eine tragende Säule in unserem Pflegeheim. In unserer Familie wurden Geburtstage – auch „runde" – nie sonderlich gefeiert. Als wichtig hat man diesen „Ehrentag" nie gesehen. Meine Mutter ist also auch heute in der Arbeit, wie an jedem anderen ihrer Geburtstage. Eine kurze Gratulation, ein kleines Geschenk, das war's.

Dann kommt Frau Spieglert ins Büro und setzt sich neben mich. Sie wirkt schrecklich aufgeregt und ist ganz aus der Puste. Sie hat Alzheimer. Erst vor zwei Wochen zog sie bei uns ein. Wieder so eine Tunnel-Geschichte. „Wo habe ich nur mein Auto abgestellt?", fragt sie sichtlich verzweifelt. „Ich muss doch jetzt nach Hause fahren!“ Ich versuche ihr zu erklären, dass sie noch ein paar Tage bei uns bleiben muss, bis sie wieder zu Kräften kommt. Das ist natürlich die Unwahrheit – nicht mehr als der hilflose Versuch, sie etwas „auszulenken“. Ihr zu sagen, dass sie wohl nie wieder nach Hause können wird, bringe ich nicht übers Herz. Eine Lüge, so sagt ein indisches Sprichwort, ist dann keine Lüge, wenn sie jemandem nützt und niemandem schadet. Ich denke, das ist genau die Situation in diesem Moment. Etwas anderes macht ja auch gar keinen Sinn: Warum soll ich Frau Spieglert mit der „Wahrheit“ einen Schock versetzen, wenn sie in ein paar Minuten schon wieder vergessen haben wird, was ich zu ihr gesagt habe? Sie kann das Gehörte nicht wirklich verstehen, kann es sich nicht merken und integrieren und könnte daher den Schmerz mit der Zeit auch nicht verarbeiten – wenn das überhaupt je geht. Dem Zustand der eigenen Pflegebedürftigkeit lässt sich kaum etwas Positives abgewinnen. Könnte die körperlich so agile und gesunde Dame begreifen, warum sie im Heim ist, dann wäre sie ja gar nicht bei uns. Und wenn sie schon tiefer in die Demenz hineingegangen wäre, ihr altes Leben vergessen hätte, dann wäre es sehr viel leichter für sie – und für uns. Sie ist ein Mensch im Tunnel. „Eine Woche muss ich noch bleiben?“, fragt sie. „Das halte ich gerade noch mal aus.“ Was für ein Glück, dass sie jetzt so reagiert.

Während wir miteinander sprechen, brüllt Frau Kemmer durchs Haus. Sie hat mindestens zwei Schreiattacken am Tag, manchmal dauern sie Stunden an, ganz unmotiviert. Das Brüllen erschüttert das ganze Haus. Es geht durch Mark und Bein und strapaziert die Nerven aufs Äußerste. So ein Organ mit neunundneunzig Jahren! Ob jemand bei ihr ist oder nicht – eine Schwester, ein Pfleger, der

Arzt oder sogar die Tochter – wenn Schreien angesagt ist, kennt sie kein Erbarmen. Ich stelle mir vor, wie es wohl wäre, sie zu Hause zu haben. Man würde wahrscheinlich verrückt werden. Viele halten einen solchen Zustand irgendwann nicht mehr aus. Dem einen oder anderen rutscht da schon einmal die Hand aus. Doch über häusliche Gewalt in der Pflege spricht man nicht gern. Das Thema ist im Grunde tabu, bekleckert es doch das schöne Bild von der Pflege in den eigenen vier Wänden. Am stillsten ist Frau Kemmer beim Essen. Ganz versunken sitzt sie dann vor ihrem Teller.

Zwischendrin klingelt das Telefon. Eine Frau erkundigt sich nach einem Pflegeplatz für ihre Mutter. Sie ist völlig durch den Wind, weiß nicht mehr ein noch aus und will mir ihre Geschichte sofort erzählen. Alle zwei Minuten klingelt außerdem jemand an der Haustüre. Einer dieser Montage halt – ein Taubenschlag. Da funktioniert man wie fremdgesteuert und reagiert mehr, als dass man wirklich handeln würde. Über „Fremdsteuerung" sprach ich heute Morgen auch mit einer Bankangestellten. In einer Welt, in der die hemmungslose Gier regiere, so sagte sie, fühle sie sich bloß noch wie eine Nummer im Getriebe. Wie ein Automat. Wie gut ich sie verstehen kann.

Am frühen Morgen noch hatte ich eine so schöne Meditation und war tief eingetaucht in die wunderbare Stille meines Herzens. Dann fuhr ich los. Unterwegs hörte ich Musik von Georges Gurdjieff, einem wirklich ungewöhnlichen Mystiker und Musiker des 20. Jahrhunderts. Seine Klavierlieder schweben völlig ungreifbar zwischen Melancholie und Glückseligkeit. Zuweilen fast strukturlos gleitet die Musik dahin, ein einziges Fließen – und das Gegenteil der „Mechanisiertheit", wie Gurdjieff es gerne nannte. Tatsächlich funktionieren wir oft mehr wie Maschinen, als dass wir achtsam handeln würden. Im Grunde verbringen wir unser Leben größtenteils als Halbtote. Zombies. So ein wunderbarer Morgen. Und jetzt ist alles wie weggefegt. Dabei ist es noch nicht einmal Mittag! Ein paar Minuten Pflegeheim nur – und die Kraft eines Tages ist aufgezehrt. Mit der Anruferin vereinbare ich noch schnell einen Termin für den nächsten Tag, im Grunde schon wissend um die Leidensgeschichte, die sie mir erzählen wird. Derweil brüllt Frau Kemmer gnadenlos weiter, und ein Telefonklingeln jagt das andere.

Frau Spieglert, sie sitzt immer noch neben mir, sieht mich mit ihren großen, feuchten und ungeduldig wartenden Augen an: „Ich fahre jetzt also nach Hause zu meiner Mutter." Das Gespräch von gerade eben ist wie ausgelöscht. Dann wirkt sie sichtlich verwirrt. Sie sinniert. „Aber ich weiß ja nicht einmal, ob sie überhaupt noch lebt." Ein klarer Gedanke. „Wie alt sind Sie denn jetzt, Frau Spieglert?", frage ich sie. In diesem Moment scheint die Logik einzusetzen, scheint ihr bewusst zu werden, dass ihre Mutter gar nicht mehr leben kann, denn sie müsste schon weit über hundert Jahre alt sein.

Doch die verwirrenden Gedanken lassen sie nicht los: „Was ist mit meinem Auto? Und wo ist mein Wohnungsschlüssel?" Für das Auto sei gesorgt, erkläre ich ihr, und mit der Wohnung sei alles in Ordnung, sie brauche sich keine Sorgen zu machen. Sie beruhigt sich nun etwas, hält inne und sagt dann: „Vielleicht ist meine Mutter ja schon tot – so wie mein Sohn." Sie weint jetzt. Ihr Sohn ist vor zehn Jahren gestorben. In Wahrheit starb er nur ein Mal, doch für Frau Spieglert starb er schon tausende Male – und jeden Tag stirbt er aufs Neue, um wieder vergessen zu werden, wieder erinnert und wieder zu sterben. „Ich habe schon so viele Schläge erlitten im Leben!", fährt sie fort: „Meine Mutter tot, mein Kind tot, dann die

Scheidung." Ich halte ihre Hand, schwankend zwischen Mitgefühl und Entnervung. Könnte man diesen Schmerz doch nur löschen. Der Tunnel, dieser Zustand der Halbverwirrtheit, kann so furchtbar sein. Kurz darauf verlässt Frau Spieglert mein Büro.

Im selben Moment klingelt es wieder: Wir bekommen überraschenden Besuch von der Tochter eines ehemaligen Heimbewohners. Sie kommt, um meiner Mutter zu gratulieren. Und sie bringt ein kleines Wunder – mit: ihre Gesundheit. Sie lebte über ein Jahr mit einem besonders aggressiven Krebs. Sie nahm ihn an. Und er ließ sie los. „Dagegen zu kämpfen", sagt sie, „ist falsch, man muss ihn annehmen und damit leben." Es ist der gleiche Krebs, gegen den unsere Mitarbeiterin Katharina mit aller Macht angekämpft hat, ein Kampf, den sie verlor; der gleiche Krebs auch, dem Herr Fink seine Nahtoderfahrung verdankt. Das Leben ist ein so schmaler Grat. Während ihrer schwierigen Erkrankung habe ich mehrmals mit der Tochter des Heimbewohners gesprochen. Sie berichtete von der extrem belastenden Therapie – erst „Chemo", dann Bestrahlung, die höchste Dosis, die möglich ist. Wenn wir dann auflegten, wussten wir nicht, ob wir noch einmal miteinander reden würden, ob sie in ein paar Wochen noch leben würde. Ihre Haltung und ihr Mut sind bewundernswert.

Auf dem Heimweg höre ich wieder Gurdjieff. Klänge, die aus der Transzendenz kommen, von der „anderen Seite" her. Etwas Leben kriecht zurück in mein Herz. Ein wenig Licht. Es gibt Musik, die so schön ist, dass ich mir manchmal denke: Nur Gott kann sie geschrieben haben.

Prediger

Ich solle doch unbedingt mitkommen zum „Pflegestammtisch" nach München, bittet mich Frau Kelly, die Tochter einer demenzkranken Heimbewohnerin, die schon lange bei uns wohnt. „Dann können Sie dort endlich einmal sagen, dass nicht alles schlecht ist in der Pflege, Herr Skuban!" Alles in mir sperrt sich, zu dieser Veranstaltung zu gehen, die regelmäßig unter der Leitung eines deutschlandweit bekannten „Pflege-Experten" abgehalten wird. Illustre Gäste geben sich dort regelmäßig die Türklinke in die Hand: Politiker, Krankenkassen-Funktionäre, Leute aus dem Talk- und Showbiz. Der „Stammtisch" ist richtig wichtig. Diesmal ist auch ein bekannter Fernsehpfarrer dabei. Ich lasse mich überreden und gehe ziemlich widerwillig hin, begleitet von einigen Schwestern und Pflegern unseres Heims.

Der kleine Saal in München ist rappelvoll. Es gibt Bier und Brezeln, wie sich das für einen Stammtisch gehört. Dann tritt der Pflege-Experte ans Rednerpult, hebt seine Arme und zeichnet in drastischen Worten die „Pflegeschande". Die Dramatik hat fast etwas Apokalyptisches: „Ich stelle mir vor", beginnt er und öffnet dabei die Arme so weit wie der Pfarrer bei der Sonntagspredigt, „ich liege im Bett und sehe den Herrgott an." Er meint das Kruzifix, das er offensichtlich über jedem Pflegebett vermutet. Dann kommt es:

„Und ich liege vierundzwanzig Stunden in der Scheiße!" Applaus und zustimmendes Raunen, Maßkrüge werden auf die Tische gehauen. Der Experte setzt noch einen drauf: „Deutsche Pflegeheime sind wie irakische Folterkeller!" Das gefällt dem Publikum. Endlich sagt es mal einer! In diesen Tagen diskutiert die Welt gerade über Abu Ghraib und den Folterskandal im Irak. Ich sitze mittendrin in dieser Entrüstungs-Show, wo alle sich laben am Skandal und am Unerhörten ihre wahre Freude haben. Neben mir sitzt eine Mitarbeiterin der Alzheimer-Gesellschaft in München. Sie ist so geschockt wie ich. Wo sind wir hier nur hingeraten? Zwei junge Damen werden aus dem Publikum geholt und dafür beklatscht, dass sie die Zustände des Pflegeheims, in dem sie arbeiteten, an die Öffentlichkeit gezerrt haben – da ist es nicht mehr nötig zu sagen, worum es sich genauer handelt.

Dann berichtet der Pflege-Experte von einem Suizid. Irgendwo habe sich ein Pfleger das Leben genommen. Und auch hier ist der Schuldige schnell ausgemacht: Der Selbstmord sei deshalb geschehen, weil es so schlimm zuging in dem Heim, wo der Pfleger arbeitete. Ich muss daran denken, dass sich in unserem Land alle fünfundvierzig Minuten ein Mensch das Leben nimmt: 10.000 im Jahr aus 10.000 Gründen – ein Tabuthema, über das man nicht spricht, es sei denn, es passt gerade ins Bild. Der Experte instrumentalisiert gerne: Da werden auch die Suizide alter Menschen pauschal mit den schrecklichen Heimen erklärt. Wenigstens kann er die Suizide Jugendlicher (nach Unfällen die zweithäufigste Todesursache bei Menschen bis zwanzig Jahren) nicht auch noch den Pflegeheimen anlasten.

Heime können gar nicht anders als schlecht sein, das ist ausgemacht, das ist politisch korrekt, das ist die Linie der gängigen

Meinung. Und deshalb muss man sie vollständig überwachen und kontrollieren, diese Heime, sie durchleuchten, gläsern machen und unter Druck setzen. Heime sind Abu Ghraib. Ein Wunder, dass man uns überhaupt noch jemanden anvertraut.

Dann tritt der Fernsehpfarrer auf, der Superstar des Abends, ein guter Rhetoriker, einer der die Leute begeistert (und ihnen via Internet gerne geweihtes Wasser feilbietet). Und er rührt kräftig in der Suppe aus Ressentiments, weiß die Stimmung für seine Zwecke zu nutzen. Jeden Applaus nimmt er dankbar mit. Ein Profi eben. Die bedeutungsschwangeren Begriffe und Botschaften verschwimmen zu einer dichten Gefühlsmelange, da echauffiert man sich, muss sich aufregen, sich weiden: Würde, Scheiße, Folter, Christus, Brezel, Bier ... Das Pflege-Armageddon. Applaus, Applaus. Wie sehr die Menschen doch ihren Zorn genießen.

Soll ich jetzt wirklich aufstehen und sagen, dass nicht alles so schlecht ist, dass immer wieder auch gute Versorgung gelingt – und zwar nicht wegen, sondern trotz der Flut an sinnlosen, zeitraubenden und kräftezehrenden Vorschriften? Warum sagt hier eigentlich niemand etwas über die schlechten Bedingungen, unter denen wir arbeiten müssen? Zu wenig Geld, zu wenig Personal, zu viel Bürokratie und wirklichkeitsfremde Ansprüche – das alte Lied! Ja, es gibt schlechte Heime, so wie es auch schlechte Krankenhäuser, Ärzte, Anwälte und Klempner gibt. Aber es gibt auch gut geführte Häuser, die allen Widrigkeiten zum Trotz ihr Bestes versuchen und geben, um die Pflegebedürftigen unter schwierigen Bedingungen würdevoll in den Tod zu begleiten. Ich fühle mich so verletzt, wütend und hilflos, in diesen Eintopf aus Vorurteilen und Düsternis hineingerührt zu werden, vorgeführt von profilneurotischen Selbstdarstellern, deren Popularität schnell am Ende wäre, würden sie nicht dauernd in den Wunden stochern und den Zorn der Leute am Kochen halten. Wie sollen Wunden heilen, wenn man sie ständig offen hält?

Soll ich nun etwas Positives sagen in dieser aufgeheizten Stimmung? Niemals! Man würde mich ausbuhen, rauswerfen, mit Wut und Brezeln steinigen – ich bin einer, der gegen den Mainstream spricht, noch dazu einer, der selbst zu diesen bösen Leuten gehört, der alte Menschen quält: Ich bin Abu Ghraib. Ich sage keinen Ton. Auch kein anderer von uns. Weder Frau Kelly, noch einer meiner Mitarbeiter. Wozu auch? Für wen? Wer würde es hören wollen? Ist doch das Schlimme um so vieles attraktiver. Man genießt die Schrecklichkeit. Es ist obszön. Ich bin müde. Und traurig. Will nur nach Hause. Zeit zu schlafen. Morgen früh muss ich wieder in den Irak, so wie jeden Tag.

Entsorgungslager

Heute, das spüre ich irgendwie, wird ein schlimmer Tag. Ein neuer Heimbewohner wird zu uns verlegt. Dass sein Gastspiel bei uns nur ein paar Stunden dauern wird, das ahne ich freilich nicht.

Vor ein paar Wochen schon sollte Herr Mischnik bei uns einziehen. Allein wegen eines Hörproblems war er noch ein paar Tage im Krankenhaus, ansonsten jedoch, so hieß es, sei er rüstig und munter. Doch dann stürzte er in der Klinik und brach sich das Becken. Das Krankenhaus kam nicht mit ihm zurecht, so aggressiv, unruhig und fordernd wie er war. So führte sein Weg ihn in eine psychiatrische Klinik. „Alzheimer" hieß die schlimme Diagnose. Er bekam Beruhigungsmittel und eine 5-Punkt-Fixierung, das heißt, er wurde an Bauch, Händen und Füßen ans Bett gefesselt. Das ist nur in Krankenhäusern möglich, im Pflegeheim geht das nicht – jedenfalls nicht bei uns. Selbst wenn ein Gericht dem zustimmen würde, ich könnte es humanitär nicht vertreten.

In der Psychiatrie lag Herr Mischnik sich dann wund: zwei offene Stellen am Ellenbogen, eine am Hüftknochen, dazu große Löcher in beiden Fersen. Bei seiner Ankunft ist Herr Mischnik komplett auf einer Trage festgeschnallt, sogar seine Arme. Er wirkt extrem sediert – fast wie im Tiefschlaf – und bekommt die Augen nicht auf.

Der erste Anblick schockiert uns. Herr Mischnik ist überall verbunden und voller blauer Flecken; überdies ist er stark ausgetrocknet und so dürr, wie es noch nie einer war, der zu uns gebracht wurde. Jede Rippe ist zu sehen, und seine Oberschenkel sind dünner als meine Unterarme. Dabei kommt er doch aus dem Krankenhaus. Die Pflege dort kostet ein Vielfaches im Vergleich zu einer Versorgung bei uns. Aber das scheint sie nicht unbedingt besser zu machen. Das haben wir in den vielen Jahren häufig festgestellt.

Frau Müller, Herrn Mischniks Stieftochter, ist ebenso schockiert. Sie weint und ist völlig überfordert. Vor einer Woche noch habe ihr Stiefvater viel besser ausgesehen, berichtet sie. Angekündigt jedenfalls wurde uns ein relativ mobiler Mann, lediglich die Haut sei recht empfindlich, sagte man uns. Deshalb habe er auch ein paar kleinere „Hautverletzungen". Tatsächlich aber macht Herrn Mischniks Haut einen weitgehend normalen Eindruck, wenn man einmal davon absieht, dass sie wegen Flüssigkeitsmangels ausgetrocknet ist und viele blaue Flecken aufweist. Die offenen Stellen aber haben nichts mit der Haut im Allgemeinen zu tun.

Wir wissen sehr gut, was mit „Pergamenthaut" gemeint ist, einer Haut, die so empfindlich ist wie die Schale eines überreifen Pfirsichs. Doch Herrn Mischniks Haut ist ganz normal. Er wurde schlicht nicht intensiv genug gepflegt, vor allem: Nicht intensiv genug gelagert. Und wir wurden ganz offensichtlich falsch über seinen desolaten Gesundheitszustand informiert.

Am Tag zuvor noch erreichten mich diese zwei Nachrichten: Frau Müller schrieb, ihr Stiefvater könne wieder laufen und sei auf dem Weg der Besserung. Und das Krankenhaus teilte uns überraschend mit, dass er wohl sehr bald sterben werde, so schlecht wie es ihm im Moment ginge. Ein unmittelbar im Sterben liegender Mensch also, der munter und fröhlich ist und spazieren geht. In der Pflege lernt man nie aus.

Es ist in letzter Zeit nichts Ungewöhnliches, dass Krankenhaus-Informationen nicht immer so zutreffend sind. Die Arztberichte der Krankenhäuser dürfen wir nicht mehr vorab sehen. Und jeden Interessenten vorher zu besuchen, um zu prüfen, ob er von uns versorgt werden kann oder nicht, das können wir nicht leisten. Auf den ersten Blick ist eines jedenfalls klar: Herr Mischnik ist ein extrem schwieriger Fall.

Etwa eine Stunde nach dem Einzug weicht sein Tiefschlaf einer starken Unruhe, und jeglicher Versuch, ihn in eine sinnvolle Liegeposition zu bewegen, scheitert. Er liegt auf dem Rücken, und seine Beine bewegen sich unaufhörlich hin und her. Dabei verheddert er sich in dem Blasenkatheter, den das Krankenhaus wegen der wunden Stellen im Genitalbereich legte. Die Verbände an den Fersen lösen sich, und die nackten Wunden reiben auf dem Laken. Neuer Verband.

Immerhin, er habe keine Schmerzen, sagt er, es jucke ihn auch nirgends. Doch wie valide ist das schon, was er da sagt in seiner schweren Demenz? Wer kann das wissen? Er wird immer unruhiger und wir ahnen, warum das Krankenhaus ihn so stark sediert und dazu noch ans Bett gefesselt hat. Anders bekam man ihn schlicht und einfach nicht in den sprichwörtlichen „Griff". Zuwendung und da sein für ihn: Das half hier alles nichts mehr. Also stellte man ihn ruhig. Doch selbst mit diesen Maßnahmen hat man im Krankenhaus die Pflege nicht hinbekommen. Und eines ist sicher: Wir können ihn in diesem Zustand nicht weiter versorgen. Zum Sterben ist er viel zu munter, eine rein palliativ ausgerichtete Versorgung also scheidet aus; und um ihn ordentlich zu pflegen, seine

Wunden zu versorgen und zu lagern, dazu ist er viel zu unruhig und widerspenstig. Auch sein katastrophaler Ernährungszustand müsste viel besser sein, was über den „normalen" Weg – also den Mund – im Moment nicht geht, denn er verweigert das Essen. Totale Überforderung. Nichts geht.

Wir sprechen das alles sehr lange durch, auch der Hausarzt ist dabei. Am Ende entscheiden wir gemeinsam – Arzt, Team und Stieftochter – Herrn Mischnik zurück ins Krankenhaus zu verlegen. Der behandelnde Arzt dort zeigt sogar Verständnis. Ja, extrem schwierig sei dieser Patient, so sagt er uns am Telefon. Es wäre hilfreich gewesen, das vorher zu wissen.

Frau Müller weint immer wieder. Und ich fühle mich jetzt wie einer, der scheitert. Doch wir haben Grenzen bei dem, was wir leisten können mit einer Handvoll Leuten nur und ohne ein Minimum an Handlungskompetenzen. Von intensiver ärztlicher Begleitung kann man in einem Heim nur träumen. Ich habe schon Ärzte am Telefon erlebt, die sich geweigert haben zu kommen, weil es sich nicht rechnet.

Eine bekannte Tageszeitung titelt heute mit dem Bild eines prominenten Kabarettisten. Er ist selbst schon in die Jahre gekommen und erhebt immer wieder seine Stimme „in Sachen Altenhilfe". Er tut das in nur wenig hilfreicher Weise. „Heime", so meint er, „sind Entsorgungslager." Wie weh das tut. Es frustriert mich und mein Team, macht uns wütend. Er soll doch bitte kommen und es selbst erleben, bevor er so ins Fernsehen und zu den Zeitungen geht, denke ich mir. Von allen Seiten schlägt man ein auf uns, die wir zu helfen versuchen unter schwierigsten Bedingungen. Das ist zynisch. Und es hilft niemandem. Im Gegenteil: Es vertreibt noch die Letzten, die pflegen wollen in diesen Zeiten.

Wenn Promis wettern, gerät die Politik unter Handlungsdruck. Dann gibt es noch mehr sinnlose Vorschriften, noch mehr Kontrollen, noch mehr Druck. Es sind auch wir, die Hilfe brauchen. Wenn diese Gesellschaft das nicht erkennt, erlebt sie bald den Pflege-GAU. Eigentlich ist er ja schon lange im Gange.

Frau Müller ist eine zutiefst spirituelle Frau. Sie schenkt mir ein Buch über eine Heilige aus Indien, die sie sehr liebt. Als sie geht und mir ein letztes Lächeln zuwirft und sagt, dass es wohl Gottes Wille ist, „Papas Karma“, da spüre ich ihren Schmerz fast körperlich. Wir konnten nicht helfen. Es ist wie ein Versagen in dunkler Stunde. Es kann bitter sein im Entsorgungslager.

In nur einem Satz

Zwei TV-Reporter sitzen mit mir in einer Studentenkneipe. Wir studieren an der gleichen Hochschule Politikwissenschaften. Wie so oft, wenn ich mit Menschen zusammensitze, kommen wir auch diesmal zu meinem Leidwesen auf das Thema Pflege zu sprechen, auf die Skandale und all das Schlimme. Die beiden sagen ganz frei heraus, dass sie ihre „feste Adresse“ haben, wo sie gerne anfragen, wenn sie „wieder mal eine Geschichte brauchen“. Sie arbeiten für ein Fernseh-Magazin, das sich dem Thema Pflege des Öfteren widmet, freilich immer in derselben Weise: Heime seien das Allerletzte, und die alten Menschen dort würden meist schlecht behandelt – das Heim als die Personifikation des Bösen. Und ich leite auch noch eines. Damit bin ich per se schon verdächtig. Heimleiter, das kann kein anständiger Beruf sein, so klingt es da an. Wann, so denke ich mir gerade, kommt endlich einer auf die Frage, welche strukturellen oder systemischen Gründe es vielleicht geben könnte, die einfach verhindern, dass Heime so sind, wie man sie gerne haben will.

„Ralph“, meint der eine, „sag uns doch mal in einem einzigen Satz: Welche Probleme hat die Pflege eigentlich?“ Seine Frage ist keine Frage, sondern ein Statement. Es bohrt sich in mich hinein. Nein, es ist nicht nur ein Statement, sondern eine Anklage. In nur einem Satz will der Fernsehmann eine Antwort darauf, warum alles so schlecht ist in der Pflege, denn genau dieser Vorwurf ist zwischen den Zeilen ja mitgesagt. Aber, so frage ich mich, wie erklärt man einem Ahnungslosen, der zudem nur hören will, was er sowieso schon denkt, wie erklärt man einem, der „Geschichten" braucht, sie verkaufen will und muss, immer Ausschau haltend nach der nächsten „Story", um die Einschaltquoten hochzutreiben, wie also erklärt man so jemandem die seltsame, komplexe und überaus schwierige Binnenwelt, in der ich lebe und arbeite? Wo fange ich da überhaupt an? Bei Adam und Eva? Seine Frage, ihr Ton, Inhalt und rhetorischer Charakter, dazu die neugierig bohrenden Augen, mit denen er mich anblickt: Sie belegen die Inkompetenz des Fragenden, dazu seinen Mangel an Offenheit und einfach das Fehlen von Wohlmeinen und Gutwilligkeit. Das ist unseriös. Aber irgendwie auch ganz normal. Ein Mitarbeiter einer bekannten deutschen und als durchaus seriös geltenden Zeitung sagte zu mir einmal ungeschminkt jenen Spruch, der ein geflügeltes Wort ist: „Only bad news are good news – Nur schlechte Nachrichten sind gute Nachrichten." Nicht originell, nichts Neues, aber doch immer noch wahr, immer noch traurig. Das also sind die geistigen Samen, die um des Kommerzes willen in unser aller Gemüter gepflanzt werden. Tag für Tag. Sie prägen unser Denken, prägen unser Sein. Sie tragen dunkle Früchte.

Über die Jahre habe ich viele Presseberichte zur Situation in den Pflegeheimen gelesen. Ich fand kaum einen wohlmeinenden darunter. Die meisten schienen mir schlecht recherchiert, und fachlich waren sie meist geradezu unsäglich, getragen vom Bemühen allein, die Heimpflege in Grund und Boden zu schreiben. „Horror" und „Heim": Diese Worte tragen den gleichen Anfangsbuchstaben und fielen auch oft zusammen in einer Schlagzeile. Ich habe mich oft gefragt: Wenn die Medien so bedenklich mit dem Thema Pflege umgehen, wie ist das dann wohl mit anderen Themen? Mein Vertrauen in die Mediendemokratie jedenfalls brach vor Jahren vollkommen zusammen.

Einmal kam ein Bundestagsabgeordneter einer großen Volkspartei zu uns ins Heim. „Praktikum" nennen die Abgeordneten diese Begegnung zwischen Bundestag und Wirtschaft. Einen halben Tag verbrachten wir zusammen und sprachen über viele Dinge. Er war überwältigt von der Vielfalt der Probleme. Einen Teller Spaghetti aßen wir in meinem Büro, da fragte er mich irgendwie hilflos: „Können Sie mir vielleicht zwei oder drei Sätze aufschreiben, was in der Pflege geändert werden muss? Ich kann das dann in der kommenden Fraktionssitzung vortragen."

Immerhin: Der Abgeordnete war bereit, zwei oder drei Sätze aufzuschreiben. Er wollte mehr als nur das Fernseh-Format. In diesem Moment tat er mir fast leid. Er sah, wie schwierig das alles ist – unter welch untragbaren Bedingungen wir arbeiten müssen, um dafür auch noch beschimpft zu werden. Und er sah auch, dass durch diesen Knoten schwer durchzukommen ist. Alles ist so komplex in dieser Pflegewelt. Wir Menschen verzetteln uns in der Paragraphenlandschaft, die wir geschaffen haben. Gefesselt wie Gulliver. Ein netter Mann immerhin, der Abgeordnete, einer, der zuhörte, auch wenn er nicht einmal ein Jota ändern konnte. In nur einem Satz, wie es der Fernsehjournalist wollte – das geht jedenfalls nicht.

Heilige Kuh

Es ist wieder Heimleitertreffen. Die für uns zuständige Heimaufsicht lädt die Einrichtungsleiter der Region zum jährlichen Informationsaustausch ein. Das ist gut gemeint, aber immer gleich ernüchternd: Man informiert uns über die neuen Vorschriften, die neuen Zwänge und Unsinnigkeiten. Die sind mittlerweile derart ins Kraut geschossen, dass die Heimaufsicht, fast entschuldigend, sagt, sie sei es leid, den Heimen für Dinge „ans Bein pinkeln zu müssen“, die sie nicht zu verantworten habe. Gemeint ist vor allem die „heilige Kuh“ der Pflege. Sie trägt einen recht profanen Namen: Fachkraftquote. Mit ihren zwanzig Jahren ist sie schon etwas betagt – und geholfen hat sie noch keinem. Nicht den Heimbewohnern, nicht den Pflegenden. Im Gegenteil, nur Verdruss hat sie gebracht. Aber die Politik hält an ihr fest wie an einem Mantra.

Die Fachkraftquote besagt, dass jede zweite Pflegekraft in einem Heim formal qualifiziert sein muss, das heißt, eine Ausbildung in der Alten- oder Gesundheitspflege absolviert haben muss. Das hört sich, unkritisch betrachtet, gar nicht so unvernünftig an. Ist es aber. Aus vielen Gründen.

Der erste und einfachste ist: In der notwendigen Anzahl sind die qualifizierten Kräfte auf dem Arbeitsmarkt gar nicht verfügbar. Punkt. So unattraktiv wie der Pflegeberuf ist, wird sich daran so bald auch nichts ändern. Viele Heime können die Anforderung daher beim besten Willen nicht erfüllen. Da nutzen staatliche Strafaktionen gar nichts. Genauso gut könnte man uns da vorschreiben, dass Demenzkranke das Einmaleins beherrschen und Komatöse auf dem Wasser gehen müssen. Was nicht geht, geht nicht. So einfach ist das. Man mag den Heimen noch so sehr „ans Bein pinkeln", noch mehr Druck machen, Geldbußen oder – schlimmer noch –, Aufnahmestopps verhängen – es wird zu nichts anderem führen als zu einer Reduzierung der Bettenzahl mit entsprechenden wirtschaftlichen Folgen. Dann wird es freilich noch schwerer, die Anzahl der Mitarbeiter aufzustocken, denn die Kosten reduzieren sich leider nicht im gleichen Maße wie die Einnahmen. Und die Motivation sinkt ins Bodenlose.

Die Heimaufsicht bestätigt uns beim Heimleitertreffen, dem Sozialministerium über den Personalmangel Bericht erstattet zu haben. Doch man fand kein Gehör. Die Politik weiß also um diese Malaise, dennoch muss die Heimaufsicht die Fachkraftquoten-Verordnung exekutieren. Ohne Ausnahme. Ohne Einsehen. Und es geschieht auf dem Rücken der Schwachen – der Heime, der Heimbewohner und Pflegenden.

Einmal lud das Sozialministerium viele Heimleiter zu einem großen Treffen ein. Eine Briefaktion mehrerer Pflegeheime war der Auslöser. Die Luft im Raum war aufgeladen, und manche Leiter fühlten sich der Verzweiflung nahe, zornig waren sie allemal. Sie klagten über ihr Elend – die sinnlose Flut von Zwängen, den Mangel an Ressourcen, ihre Machtlosigkeit gegenüber den Pflegekassen, Sozialhilfebehörden, Heimaufsichten und dem Medizinischen Dienst der Krankenkassen (MDK) sowie über den Druck in den Einrichtungen. Ein Heimleiter war so erregt, dass er den Tränen nahe war, als er seine Sorgen vortrug. Doch das Sozialministerium verstand nicht recht. Das Treffen war sinnlos, nur verpuffte Lebensenergie.

Die Fachkraftquote: Jeder Zweite also soll Altenpflegerin oder Altenpfleger sein, Krankenschwester oder -pfleger. Alle anderen Berufe gehören zur Gruppe der „Hilfskräfte". Auch Ärzte. Oder Psychologen. Egal wie lange sie vielleicht schon in der Pflege arbeiten. Auch Menschen, die seit Jahrzehnten schon pflegen, Menschen, denen eine junge, ausgebildete Kraft nicht das Wasser reichen kann. Sie alle sind nur „Hiwis", Pflegekräfte zweiter Klasse. Einen MDK-Mitarbeiter erlebten wir, der weigerte sich sogar, mit einer Hilfskraft überhaupt nur zu sprechen – Parias der Pflege.

Die gesamte Organisation im Heim wird von der Besetzung nach Quote dominiert: Jede Schicht muss mit den Quotenkräften besetzt sein – ob dies in der jeweiligen Konstellation arbeitspraktisch sinnvoll ist oder nicht, interessiert die Behörden in keiner Weise. Die Form zählt, nichts sonst. Auf den Dienstplänen bekommt jeder sein Etikett: Fachkraft oder Hiwi. Weil das Wort Hilfskraft mittlerweile so unwürdig klingt, weil es ein Gefühl von Inkompetenz und Bedeutungslosigkeit suggeriert, verwenden wir es im täglichen Betrieb nicht mehr und sprechen stattdessen nur abstrakt von „Pflegekräften".

Die Quote wird in den meisten Heimen sehr intensiv gelebt. Sie zweiteilt die Pflege in das, was die „Fachleute" tun, und das, was man den „Hiwis" überlässt: Gerne auch mal die besonders schweren und schmutzigen Aufgaben. Nicht überall und immer, doch vielerorts und oft. Dabei gibt es keine einzige Studie – nicht einmal eine tragfähige Begründung –, die die Forderung und blinde Durchsetzung der Quote allen Gegenargumenten zum Trotz untermauern könnte. Man hat sie vor zwanzig Jahren willkürlich festgelegt. Das ist Basta-Politik. Noch nie habe ich einen Zusammenhang zwischen formaler Ausbildung auf der einen und tatsächlicher fachlicher Eignung auf der anderen Seite bei einem Mitarbeiter erkennen können. Anders gesagt: Die guten Kräfte, die wir hatten oder haben, waren oder sind gut aufgrund ihrer persönlichen Eignung, nicht aber deshalb, weil sie eine Ausbildung absolviert haben. Das Fachliche in der Pflege kann man sich rasch aneignen. Das Wichtigste ist immer die Frage: Was sind das für Menschen, die bei uns arbeiten? Wie sind sie sozialisiert worden? Sind sie freundlich und engagiert? Sind sie menschlich reif? Sind sie zuverlässig? Und haben sie das, was ich gerne den „Blick" nenne, also ein Gespür für Situationen? Das Wenigste von dem, was wichtig ist in der Pflege, hat zu tun mit formaler Qualifikation. Wichtig sind vielmehr der pflegende Mensch selbst und seine persönliche Erfahrung. Wäre es anders, ließe sich im Übrigen gar nicht rechtfertigen, dass fast drei Viertel der Pflegebedürftigen zu Hause von ihren Angehörigen gepflegt werden, also von „Hiwis".

Ich habe über die Jahre mindestens so viele Ungeeignete unter den Qualifizierten getroffen, wie ich bestens Geeigneten unter den Hilfskräften begegnet bin. Die Eignung hat nicht viel mit der Ausbildung zu tun. Aber umso mehr mit unserem praktischen und konkreten Pflegealltag, mit den Entscheidungen, die wir treffen müssen – und mit der Frage, ob ich mich auf mein Team verlassen kann oder nicht.

Welchen zweifelhaften Ansatz man mit der heiligen Kuh – der Fachkraftquote – verfolgt, zeigt die einfache Lebenspraxis am besten: Wenn eine Fachkraft sich einen anderen Arbeitsplatz sucht, darf ich sie nur durch eine ebensolche Fachkraft ersetzen, sonst sinkt die Quote. Ich muss also selbst hervorragend geeignete, erfahrene Bewerber, die keine formale Ausbildung haben, abweisen – ganz egal, wie schwierig die Situation im Heim gerade sein mag. Würde ich eine Hilfskraft einstellen, so sänke ja die Fachkraftquote noch weiter. Das ist einfache Mathematik. Also lieber gar keinen einstellen als eine Hilfskraft. Der seltsamen Logik der Quote entspräche es sogar, zusätzlich eine Hilfskraft auszustellen, denn dann würde das rechnerische Verhältnis zwischen Qualifizierten und Hiwis wieder stimmen. Freilich unterschreitet man bei einer solchen Personalpolitik wiederum die vorgeschriebene Gesamtzahl an Mitarbeitern, den sogenannten „Personalschlüssel". Man muss sich eben überlegen, gegen welche Vorschrift man lieber verstoßen will, denn alle Vorschriften des vor Vorschriften kranken Systems sind nicht einhaltbar, ja nicht einmal überschaubar. Als Heimleiter bin ich häufig gezwungen, eine möglicherweise ungeeignete Fachkraft statt einer hoch motivierten, erfahrenen Hilfskraft einzustellen. Das Formale, das Formale, das Formale: Es ist Deutschlands Pflegegott. Es ist die geordnete Welt des Ministerialbeamten. Auf dem Treffen im Sozialministerium fragt er in die Runde: „Wenn das alles so schwierig ist, wie machen Sie das dann?" Ich kann nicht mehr an mich halten: „Das ist es ja: Es geht eigentlich gar nicht. Wir wursteln uns nur durch, ein einziges Gekämpfe und Gequäle. Komplette Idiotie." Beifall. Der Beamte blickt uns an wie der sprichwörtlich begossene Pudel.

Die Aufspaltung der Pflegewelt in Fachkräfte und Hilfskräfte mit der flächendeckenden „50-Prozent-Gießkanne" treibt giftige Blüten: Die extreme Knappheit an formal qualifizierten Kräften treibt deren Gehälter im Vergleich zu den Hilfskräften in die Höhe und drückt entsprechend auf deren Verdienstmöglichkeiten. Diese vom

System faktisch erzwungene Lohnspreizung ist unverhältnismäßig, denn eines will hier unmissverständlich gesagt sein: Fach- wie Hilfskräfte machen – aufs Ganze gesehen – den gleichen schwierigen Job. Es ist mithin ein ungerechtes System. Und es vergiftet das Klima in den Häusern. Besonders, wenn die Hilfskräfte sehen, dass die Fachkräfte auch nicht mehr leisten können als sie selbst. Wie oft habe ich gebetet, der Herr möge Menschenverstand vom Himmel regnen lassen!

Beim diesjährigen Heimleitertreffen also reden wir wieder über die Fachkraftquote, die „olle Kamelle". Ich kann mich nicht mehr zurückhalten, muss aufstehen und das Wort ergreifen: „Über diesen himmelschreienden Unsinn", sage ich, „diskutieren wir nun schon seit zwanzig Jahren. Schon damals wussten wir, dass die Quote keinen Sinn macht, dass sie nicht umsetzbar ist und nur Schaden anrichtet! Und seit zwanzig Jahren schlagen wir uns Tag für Tag in den Heimen damit herum. Nichts geschieht. Die Situation verschlechtert sich vielmehr. Was vor zwanzig Jahren schon schlimm war, ist heute nur noch schlimmer." Die Politik freilich bleibt ungerührt. Exekutieren heißt die Losung. Wenigstens beschäftigt das ein paar Beamte und bringt Bußgelder in die Staatskasse. Es ist schwer, da innerlich Ruhe zu bewahren.

Die Kolleginnen und Kollegen, diese vom System getriezten und gemobbten Menschen, sie raunen und stimmen mir zu. Die Mitarbeiter der Heimaufsicht: Auch sie nicken zustimmend. Eine junge Frau ist unter ihnen. Sie sagt: „Ich sehe, die Regierung ist bei Ihnen nicht sonderlich beliebt." Wer wollte ihr da widersprechen? Kurze Zeit später – sie hat die Heimaufsicht inzwischen verlassen, weil sie die Enge des Denkens dort nicht mehr ertrug – schreibt sie mir einen Brief und bedankt sich dafür, dass ich ausgesprochen habe, was alle dachten, doch die meisten sich nicht zu sagen trauten. Nur heimlich, hinter vorgehaltener Hand, würde manchmal Kritik geübt. Wer sich doch traut, fürchtet Schikanen und Repressalien.

Es ist ein sehr krankes System, dieses Pflegesystem, autoritär und undemokratisch, altertümlich und voller Misstrauen, freiheitsfeindlich, unübersichtlich, ungerecht und demotivierend. Es ist ein fast schon kunstvoll komponiertes Konstrukt, das dafür sorgt, dass nur wenige Menschen es in der Pflege länger aushalten können. Ich habe mich oft gefragt: Hat dieses System System? Oder ist es nur ein blinder Roboter, unglücklich programmiert und einfach zu komplex und träge, um neu programmiert zu werden? In dem Fall bräuchten wir den Roboter nur zu verschrotten. Schlachten wir die heilige Kuh!

Ausbeutung

Frau Lindner erkundigt sich nach einem Pflegeplatz in unserem Haus. Sie kann nicht mehr. Lange, zu lange, hat sie ihren demenzkranken Vater zu Hause versorgt. Fast ging ihre Ehe dabei zu Bruch. Eines Nachts dann verstieg ihr Vater sich ins Zimmer seines Enkels, eines 15-jährigen, dessen Freundin zum ersten Mal bei ihm übernachten durfte. Sein Großvater stellte sich nackt vor das Bett der beiden und urinierte auf den Boden. Den ersten Sex stellt man sich anders vor. Danach ließ sich die häusliche Pflege nicht mehr fortsetzen, ein Heim musste her. Sehr oft gehen Pflegende über die Grenzen dessen hinaus, was noch gut für sie ist.

Herr Bruck ist ein anderes Beispiel: Ein junger Mann, noch keine vierzig, Architekt. Um seine Mutter zu Hause zu pflegen, gibt er seinen Beruf auf. Drei Jahre später ist er ein körperlich-seelisches Wrack. Zum Arbeitsmarkt findet er keinen Zugang mehr. Weinend und zerbrochen sitzt er an meinem Tisch. Alles hat er getan, um ein Pflegeheim zu vermeiden. Jetzt braucht er doch eines.

Kaputte Ehen, zerbrochene Familien, zerstörte Gesundheit, ruinierte Karrieren, verlorene Lebensfreude, auch häusliche Gewalt: Das Maß dessen, was man aushalten kann, ist eben nur begrenzt. Wer über Grenzen geht und den Bereich des vernünftig Machbaren überdehnt, schadet sich und seinen Nächsten. Geschichten wie diese sind nichts Ungewöhnliches in der häuslichen Pflege. Demenzkranke für längere Zeit zu Hause zu pflegen, das geht nur mit der Bereitschaft zur Selbstausbeutung. Dass man in diesem Land so schlecht über die Heime spricht, unterstützt natürlich ein System, das ganz darauf setzt, eine Versorgung im Heim zu verhindern, sofern es irgend geht. Und so erlebe ich oft, dass Angehörige, die sich bei uns nach einem Pflegeplatz erkundigen, sich dafür rechtfertigen, diesen Weg zu gehen. Als müsste man sich bei mir dafür entschuldigen, wegen eines Pflegeplatzes anzufragen – da trägt man Eulen nach Athen!

Wie schlecht es den pflegenden Angehörigen doch oft geht, viel schlechter als den demenzkranken Pflegebedürftigen, deren Denkorgan irgendwann vergisst, dass es nicht mehr so funktioniert, wie es funktionieren soll. Sie sind nicht nur überlastet. Dazu kommt meist dieses schlimme Schuldgefühl, es zu Hause nicht mehr zu schaffen, „gescheitert" zu sein und den Angehörigen ins Pflegeheim geben zu müssen. Ein Heim ist eben in jeder Beziehung das Letzte, was man will. Das Schuldgefühl ist eine der schrecklichsten „Erfindungen" des Menschen, denke ich mir oft. Schuld und Schulden in der Welt halten die Räder am Laufen – in den Familien wie in der Wirtschaft. Sie sind die Fessel, die dafür sorgt, dass Menschen auch bis zum Zusammenbruch noch tun, was sie eigentlich nicht (mehr) tun wollen oder können.

Oft ist der soziale Druck von Verwandten, Freunden und Nachbarn sehr groß. Man erwartet, dass zu Hause gepflegt wird, das gehört sich für „anständige" Menschen. Der Druck kommt in der Regel am stärksten von jenen, die selbst nicht pflegen. Es sind fast immer solche Leute, die sich echauffieren, dass ein anderer, am Ende seiner Kraft, nicht mehr pflegen kann oder will. Sie wissen nicht, was der Pflegende durchmacht. Und so beutet dieser sich aus, geht über seine Grenzen. Wenn es sein muss, bis zum Zusammenbruch.

Die „sittliche Verpflichtung", zu Hause zu pflegen, ist politisches Programm. Es heißt „Vorrang der häuslichen Pflege". Im Verein mit der Ächtung der Heime hat dieses Programm die Kraft, die Menschen kaputtzumachen. Keine Frage: Es ist gut und richtig, die häusliche Pflege zu fördern und den Menschen zu ermöglichen, so lange zu Hause zu leben, wie sie das wollen. Aber doch nicht länger, als sie es können! Doch wo der „Vorrang der häuslichen Pflege" die Schuldgefühle der Pflegenden nährt und in einem Klima, das die Heimpflege an den Pranger stellt, auf deren Bereitschaft zur Selbstausbeutung setzt, da wird er bloß zum Schönsprech. Das ist unwahrhaftig. Und viele Menschen bezahlen mit ihrer Gesundheit dafür, von ihrem persönlichen Glück erst gar nicht zu reden. Das ist ein viel zu hoher Preis.

Das liebe Geld

Hat man den schweren Gang einmal getan und einen Angehörigen schließlich in einem Pflegeheim untergebracht, dann wird man nach all den emotionalen und kräfteraubenden Belastungen noch weiter ausgezehrt, nämlich finanziell – so wie Herr Auberger (s. S. 49ff.). Die Pflegebedürftigkeit seiner Frau brachte ihn um die gemeinsamen Ersparnisse sowie um seinen Lebensmut.

Um die Pflege zu finanzieren, verkaufen viele Haus und Hof. Sie verbrauchen alles Ersparte und enterben so faktisch ihre Kinder. Ein Leben lang haben sie verantwortlich gelebt und den Konsum gezügelt – am Ende dann geht alles den Bach runter: Man geht betteln beim Staat. Das ist der persönlich empfundene soziale GAU in einem Land, in dem man so stolz darauf ist, alle Lebensrisiken abzusichern, einem Land, in dem man seit Reichskanzler Bismarck unter allen Umständen den Gang zur Sozialhilfe zu vermeiden sucht; denn es stigmatisiert und untergräbt den eigenen sozialen Status. Das hat etwas Entwürdigendes.

Die Pflegeversicherung sollte einst antreten, um diesen unerträglichen Misstand zu beheben: Die regelmäßige Verarmung bei Pflegebedürftigkeit. Sie ist in dieser Beziehung total gescheitert. Ihre Leistungen waren seit dem ersten Tag an jeder nur erdenklichen Stelle begrenzt und „gedeckelt" – das klägliche Ergebnis eines jahrelangen politischen Gezänks. Die Versicherung sprang zu kurz, um ihre wichtigsten Ziele zu erreichen, und bekam daher schnell den Beinamen „Teilkasko-Versicherung". Teilkasko – das gilt heute mehr noch als damals: Viele Jahre gab es keinerlei Anpassungen an die steigenden Preise der Heime. Die bescheidenen Anpassungen, die in jüngerer Zeit vorgenommen wurden, glichen dieses Preiswachstum in keiner Weise aus. Mehr als die Hälfte der Kosten müssen die Pflegebedürftigen beziehungsweise deren Angehörige heute selbst tragen – und das in einem System, in dem sie dennochnicht das Sagen haben, weil hier nicht gilt, was überall im Leben sonst üblich ist, nämlich dass anschafft, wer bezahlt. In der Pflege ist das anders: Bezahlen müssen hier vor allem die Betroffenen, doch alle Ansagen machen der Staat und seine Institutionen.* Verkehrte Welt.

Dem finanziellen Ausbluten der Betroffenen steht der finanzielle Tropf gegenüber, an dem die Heime hängen. 100 Euro am Tag hat ein Pflegeheim durchschnittlich je Heimbewohner zum Wirtschaften, ein Preis, den die Heime nicht selbst festlegen. Er ist im Grunde ein Diktat der Mächtigen, also der Pflegekassen und Sozialhilfebehörden. Damit lassen sich keine großen Sprünge machen. Um die 4 Euro am Tag dürfen wir für Lebensmittel ausgeben – mehr erlaubt man uns nicht einzupreisen. 4 bis 5 Mahlzeiten und Getränke am Tag für vier Euro. Das ist, gelinde gesagt, etwas knapp. Und 100 Euro, um 24 Stunden lang die Pflege sicherzustellen – das entspricht in etwa 1,5 Arbeitsstunden eines Klempners oder einem Essen beim Italiener für drei Personen. Oder dem Drittel einer Ar-

* Ein durchschnittliches Pflegeheim in Deutschland kostet etwa 3.300 € pro Monat bei einem durchschnittlich zu leistenden Eigenanteil von 1.700 € (Zahlen für 2017).

beitsstunde eines Rechtsanwaltes. Es ist ungefähr der Preis, den man für eine Eintrittskarte zu einem Popkonzert berappen muss, oder ein Fünftel dessen, was ein Heim bezahlen muss, wenn es den Aufzugsmonteur ruft. Der Tag in einem Krankenhaus ohne ärztliche Behandlung – der im Grunde die gleichen Leistungen umfasst, die ein Pflegeheim erbringt, ja weniger sogar, denn soziale Betreuung und anderes gehören nicht zum Leistungsspektrum eines Krankenhauses –, ein Krankenhaustag also kostet etwa zehn Mal so viel wie ein Tag im Heim. Das regt keinen auf, man gibt ja bloß eine Plastikkarte ab.

Ich will gar nicht behaupten, dass die genannten Leistungen anderer Berufe prinzipiell zu teuer wären. Doch sollte das Preis-Leistungsverhältnis dort stimmig sein, dann kann ganz offensichtlich mit der Bewertung der Pflege in unserem Land etwas ganz und gar nicht stimmen. Das schreit einen geradezu an. Wenn Politiker, Pflegekassen oder Sozialhilfebehörden – der Staat und seine Institutionen also – etwas anderes behaupten, dann wissen sie entweder nicht, wovon sie reden, oder sie sagen bewusst die Unwahrheit. Wir können uns aussuchen, was von beidem schlimmer ist.

Ich weiß nicht, ob unsere Gesellschaft einmal den Mut aufbringen wird, sich ernsthaft und ehrlich der Frage zu stellen, was ihr die Pflege wert ist (wie auch andere Lebensbereiche, mit denen sich nicht „Kasse machen" lässt, zum Beispiel der Tierschutz). Ich bin da leider pessimistisch und befürchte, dass es eher in Richtung eines Zusammenbruchs gehen wird, bevor man richtig umsteuert. Die Probleme eines Systems können ohnehin schlecht mit ebenjenen Instrumenten gelöst werden, welche selbst Ursache und Ausdruck des Problems sind. Die Pflege ist gefesselt im Netz zu vieler Interessen. Knoten lösen sich nicht durch Knoten auf, sie müssen von außen aufgehauen werden. So fürchte ich, dass man die Dinge laufen lassen wird, bis nichts mehr geht – obgleich man weiß, dass man auf eine Katastrophe zusteuert.

Die Diagnose der Katastrophe: Sie passt ins Weltbild, denn auch in zahlreichen anderen Bereichen breitet sich eine politisch und wirtschaftlich motivierte Gier-Kultur des Mehr-Habenwollens aus, die viel Unheil anrichtet. Wir sehen zu, schütteln hier und da noch den Kopf und machen dann unbeirrt weiter. Den Weg zur Umkehr und Heilung gehen wir nicht. Zu viel Verzicht scheint damit verbunden. Wir alle – und mehr noch die nachfolgenden Generationen – werden einen hohen Preis dafür zu zahlen haben. Alle wissen das. Eigentlich scheint mir diese Einschätzung gar nicht einmal so pessimistisch. Es ist einfach eine Situationsbeschreibung. Wir Menschen sind wohl so.

Pflege in Absurdistan

Herr Reisner wurde uns aus einem anderen Pflegeheim zuverlegt. Seine Frau war unglücklich über die Versorgungsqualität dort. Er war depressiv, und sie hatte das Gefühl, man kümmere sich nicht gut um ihn. Wie schlimm es auch um seine körperliche Gesundheit bestellt war, wusste sie dabei noch gar nicht genau: Sie hatte die zwei faustgroßen Löcher in seinen Fersen noch nicht gesehen. Die riesigen Wunden stanken nach Verwesung. Wenn Herr Reisner verbunden wurde, zuckte er oft vor Schmerz. Ich hatte in meiner beruflichen Laufbahn nie zuvor so schlimme Fersen gesehen – nicht einmal bei Herrn Kertész, dem ersten Menschen, den ich im Pflegeheim betreute.

Es gelang unserem Team, Herrn Reisners Wunden durch anhaltende Pflege so zu versorgen, dass sie binnen dreier Monate fast vollständig ausheilten. Herr Reisner konnte regelmäßig mobilisiert werden, und seine Stimmung heiterte sich merklich auf, so sehr sogar, dass das Lachen überwog: Er wurde ein stets zu Scherzen aufgelegter fröhlicher Geselle. Auch er ging ganz durch den Tunnel in die Demenz hinein und gelangte schließlich ans Licht.

Eines Morgens dann standen wieder die Pflegequalitätsprüfer des Medizinischen Dienstes der Krankenkassen (MDK) vor der Tür. Seit Jahren dreht sich in der Pflege unseres Landes nahezu alles um Folgendes: Gelingt es uns irgendwie, den MDK und seine wachsenden Auflagen hinsichtlich der schriftlichen Planung und Dokumentation der Pflege zu befriedigen? Jeder Prozess, jeder Tag, jeder Eintrag in eine Akte, nahezu jeder betriebliche Ablauf ist davon geprägt. Der MDK wurde zum allgegenwärtigen Großen Bruder in einem überwachten Pflegesystem. Immer öfter diskutiert man heute die Totalüberwachung, die durch das Internet möglich geworden ist, die langsame Erosion von Freiheit und Demokratie. Die völlige Abwesenheit von Freiheit: Sie ist schon seit Langem der täglich zu schluckende Frosch in der Pflege. Dieser Zustand ist fast schon eine Gewohnheit geworden.

Die Prüfer kommen immer ohne Anmeldung. Plötzlich sind sie da. Bei einem Heim unserer Größe sind das zumeist zwei bis vier Personen, ausgerüstet mit Laptops. Man darf sich auf einen langen Tag einrichten. Große Unruhe macht sich breit, und der Pflegebetrieb ist den ganzen Tag lang in der Wahrnehmung seiner Aufgaben beeinträchtigt. Alle geplanten Termine werden gestrichen. Die Prüfer verlangen unsere unbedingte Aufmerksamkeit und Zuwendung. Soweit es mich als Heimleiter und Klaus, meinen Kollegen, angeht: Wir müssen einen eventuellen Urlaub sofort unterbrechen. Meist entfernen wir uns gar nicht weiter vom Betrieb als maximal zwei Autostunden, dann können wir im Zweifel einigermaßen schnell dort sein. Und wenn wir doch einmal weiter wegfahren, haben wir Bauchschmerzen. Wir müssen stets abrufbar sein für die immer misstrauischen Institutionen des Staates und der Pflegekassen. So geht das schon seit vielen Jahren. Ein Leben lang freilich geht es nicht. „Das System" ist so argwöhnisch, dass ich mich oft gefragt habe, wie es möglich ist, dass es uns überhaupt Menschen anvertraut. Man hält uns, die wir die Pflege organisieren und erbringen, für potenziell so böse und gefährlich, dass nun sogar die Nationale Stelle zur Verhütung von Folter beauftragt wurde, alle Pflegeheime zu prüfen. Noch eine Prüfinstitution.

Jeden Moment also kann der MDK vor der Tür stehen. Die Prüfer bringen ungefähr 500 Fragen mit, die mit „ja", „nein" oder „nicht zutreffend" zu beantworten sind. Für inhaltliche Dinge ist da kein Raum. Wie es uns geht oder welche Probleme wir in der Versorgung haben, interessiert nicht. „Ja", „nein" oder „nicht zutreffend": Darauf reduziert sich der Horizont, in den alles sich einzufügen hat. Am Ende spuckt ein EDV-System einen Bericht aus vorgefertigten Textbausteinen und eine Schulnote aus, die im Internet einsehbar ist. Von München bis zur Südsee und von Grönland bis Südafrika kann nun jeder lesen, welche Schulnote das System für ein Heim errechnet hat: Die mathematische Essenz von 500 Mal „ja", „nein" oder „nicht zutreffend".

Man sollte annehmen, dass die Prüfer in der Frage der Wundversorgung sehr zufrieden mit uns gewesen sein müssten, hatten wir doch die schlimmen Wunden von Herrn Reisner erfolgreich geheilt. Weit gefehlt. Das Pflegeheim, in dem Herrn Reisners Wunden entstanden waren, bekam eine bessere Schulnote im Bereich der Wundversorgung als wir, die wir seine Wunden erfolgreich behandelt hatten. Das liegt daran, dass die Prüfer sich keineswegs für die Menschen selbst interessieren – für ihre Wunden sowie ihre allgemeine Befindlichkeit – sondern allein dafür, in welcher Weise wir unseren Umgang mit den Heimbewohnern verschriftlicht haben. Pläne, Dokumentationen und Nachweise sind der Fetisch der Qualitätsprüfer von heute. Das Papier wurde zum Ersatz für die Wirklichkeit. So entsteht eine fiktive Wirklichkeit, in der nur das als gemacht gilt, was aufgeschrieben wurde, nichts sonst – nicht einmal das, was so unmittelbar vor Augen liegt wie Herrn Reisners geheilte Wunden. So funktioniert das System. Das Pflegeheim, aus dem Herr Reisner kam, hat die Wundversorgung intensiver dokumentiert als wir, oder einfach anders – eben so, wie die Erbsenzähler des MDK es in dem Moment gerne sahen. Das kann allerdings bei der nächsten Prüfung schon wieder ganz anders aussehen. Schöne Dokumentation, alles sauber im Computer „abgeklickt", das gibt eine schöne Note. Wen interessieren da Herrn Reisners Wunden? „Wer schreibt (oder klickt), der bleibt!", sagt ein dumm zynisches Sprichwort. Willkommen in der Cyberwelt der Pflege!

„Wir baden bloß noch mit dem Kugelschreiber", erzählt mir eine Altenpflegerin, die sich bei uns um eine Stelle bewirbt. „Ich habe unserem Heimleiter gesagt, dass diese überbordende Planung und Dokumentation sowie die Massen von Nachweisen nicht mehr vereinbar sind mit dem schwierigen Pflegealltag, sie machen keinerlei Sinn. Die Menschen brauchen doch unsere Pflege", klagt sie, „doch wir ersticken in unvorstellbarer Bürokratie. Wir sind immer in Angst vor dem MDK. Das ist nicht zu schaffen, erst recht nicht mit so wenigen Mitarbeitern." „Das ist euer Problem!", hatte der Chef ihr damals geantwortet – selber dauernd unter Druck, denn der Große Bruder konnte jeden Moment vor der Türe stehen, die Laptops unterm Arm.

Geschichten wie diese habe ich unzählige gehört. Das „Baden mit dem Kugelschreiber" bringt es auf den zynischen Punkt. Entweder schreiben wir auf, was wir tun müssen, damit sich die Prüfer freuen und wir eine gute Schulnote bekommen, oder wir tun, was zu tun ist, was zwingend zur Folge hat, dass weniger aufgeschrieben werden kann, weil es schlicht nicht möglich ist. Dann aber bekommen wir wahrscheinlich eine schlechtere Note und Auflagen.

Und es steht im Netz. Jeder kann es sehen. Es könnte uns schaden. Eine Zwickmühle des Wahnsinns. Irgendwie muss man das kranke Spiel spielen, ohne dabei unterzugehen.

„Krank“ ist auch das Wort, das eine Mitarbeiterin der Heimaufsicht mir gegenüber einmal gebrauchte. Ich bat sie um Auskunft. Ich weiß nicht mehr genau, in welcher Sache, um irgendeine Frist ging es wohl. Da gab sie mir zu Antwort: „Ich schau mal nach, Herr Skuban, da gibt es bestimmt irgendeine kranke Vorschrift.“ Heimaufsichten haben es auch nicht leicht. Schon gar nicht, wenn die Mitarbeiter dort mit gesundem Menschenverstand ausgestattet sind. Und geradezu mörderisch, stelle ich mir vor, muss es für Freigeister sein.

Da kommt sie wieder hoch, diese mir so sehr vertraute Wut, der schmerzhafte Zorn über eine völlig aus den Fugen geratene Bürokratie, der man ausgeliefert ist, eine grenzdebile Papierherrschaft, die uns Menschen das Leben so schwer macht, uns nicht hilft und den Pflegebedürftigen schon gar nicht, ganz im Gegenteil: Man hat uns Knüppel zwischen die Füße geworfen. Es ist ein Wunder, dass es trotzdem mancherorts noch gelingt, die alten Menschen einigermaßen gut zu versorgen.

Die Wut kann so schlimm werden, dass es wehtut. Es ist eine zerstörerische Energie, die uns Menschen kaputt macht, ausbrennen lässt. Ich spüre sie buchstäblich physisch, direkt hinter dem Brustbein. Von dort aus drückt sie hinauf bis zum Hals. Die Wut wird nicht nur befeuert durch die Überwachung und Fremdbestimmung, sondern auch durch ein gesellschaftliches Klima, das die Pflege als ein Ungetüm darstellt. Eine nicht enden wollende Skandalberichterstattung über „Horrorheime“ führte im traurigen Ergebnis zu immer mehr Papierherrschaft. Dagegen sind die Ressourcen, die wir haben, so knapp wie eh und je. Vorschriften und Geld: Das sind die zwei Instrumente der Politik. Wo man beim Geld in der Pflege immer zu kurz gesprungen ist, übertreibt man es bei den Vorschriften dafür umso mehr. Die Pflege, dieses ungeliebte Stiefkind unseres Landes, wurde vor allem mit Letzteren bedacht, besser gesagt: überschüttet. Man erstickt darin. Paragrafen, so weiß ich nun, können die Freiheit des Menschen ebenso zunichtemachen wie eine autokratische Führung. Sie haben immerhin den entscheidenden Vorteil, dass sie nichts kosten.

Mit dem Geld dagegen hat man sich in der Pflege immer zurückgehalten: Ich benötigte als Heimleiter einmal den Rat eines Arbeitsrechtlers. Das Erste, was er mir mitteilte, war seine Stundenvergütung: „Ich verlange 300 Euro die Stunde", sagte er. Am Ende unseres Gesprächs fragte er mich, wie es denn so ginge in der Pflege. Ich antwortete ihm: „Für das Geld, das Sie in einer Stunde verlangen, müssen wir in unserem Heim einen Schwerstkranken drei Tage und Nächte versorgen, alles inklusive – von der Hilfe bei der Verrichtung der Notdurft bis zur Begleitung in den Tod." Wie gut, so dachte ich mir in diesem Moment, dass die Politik die Gebührenordnung für Rechtsanwälte – die stärkste Berufsgruppe der im Bundestag vertretenen Abgeordneten – so viel großzügiger handhabt als die Entgelte für die Pflege. So kommen wenigstens Rechtsanwälte und Bundestagsabgeordnete auf ihre Kosten. Warum wir nur so wenig verlangen würden, fragte der Arbeitsrechtler mich dann. Ich erklärte ihm, dass wir den Preis für unsere Dienstleistung nicht selbst bestimmen können, dass der Preis, mit dem wir an den „Markt" gehen, ein Diktat von Pflegekassen, Sozialhilfeverwaltung und Staat ist. Der Anwalt war peinlich berührt und wusste nicht, was er sagen sollte. In seinem fragenden Blick lag etwas wie: „Warum machen Sie dann eigentlich diesen schwierigen Job?“ Eine nicht gestellte Frage, die oft im Raum liegt, wenn man über Pflege spricht. Meine innerliche Antwort heute ist die Frage: „Ja, warum eigentlich?“

Wenig Geld also für die Pflege, doch man erwartet sehr viel dafür. Und so gibt es anstelle von mehr Geld eben mehr Vorschriften: „Sie haben sicherzustellen, dass …“, so drücken es die Kontrolleure gerne aus und sind zugleich taub dafür, wenn wir auf das Problem der fehlenden Ressourcen – Geld und Personal – hinweisen. Es ist ein perfides Spiel: Bei einer Qualitätsprüfung sitzt mir der Staat in Gestalt seiner eigenen Beauftragten gegenüber. Sie fordern von uns ein, was Ressourcen erfordert, die nicht verfügbar sind, weil ebenderselbe Staat sie uns verweigert.

Ein Heim und seine Mitarbeiter sind ohnmächtig. Einmal wurden wir schriftlich dafür abgemahnt, dass wir einer Heimbewohnerin auf Wunsch ihrer Tochter bei Bauchschmerzen Fencheltee gaben, so wie sie es zu Hause immer gemacht hatte. Wir kauften den besten Fencheltee in der Apotheke und bewahrten ihn im Stationszimmer auf. Das brachte uns die Abmahnung ein: Wenn wir Tee zu Heilzwecken reichten, schrieb man uns, müssten wir eine ärztliche Verordnung vorlegen. Man empfahl uns, das Problem zu umgehen, indem wir den Tee in der Küche aufbewahrten; denn wenn er nicht aus dem Stationszimmer käme, wäre es nur normaler „Trink-Tee“, nicht aber „Heil-Tee“. Die Bürokratie selbst schlug uns eine Strategie vor, um ihren eigenen Irrsinn auszutricksen.

Im Zweifel habe ich mich all die Jahre immer gegen den Wahnsinn entschieden. „Mit dem Kugelschreiber baden“: Das geht nicht. Dann eben nur baden und den Kugelschreiber wegwerfen. Dazu braucht man freilich breite Schultern. Sie sind nötig, um die Mitarbeiter und Pflegebedürftigen vor dem Staat und seinen Institutionen zu schützen, der alles nur Vorstellbare geplant, verschriftlicht und nachgewiesen haben will. Das sogenannte „Qualitätsmanagement" (wie sehr mir dieses inflatorisch gebrauchte Wort doch zuwider ist!) wurde für die Pflegeheime zu einem „Qualitätsverhinderungsmanagement", das alle Betroffenen an den Rand der Verzweiflung führen kann. Ich habe mit Schwestern gesprochen, die bis zu 80% ihrer Arbeitszeit mit Dokumentationen verbringen. Es würde viel zu weit führen, hier einen tieferen Einblick in die Groteske der Pflegebürokratie geben zu wollen, die Heime in eine unerträgliche Fremdbestimmung führt, das Ganze unter dem Nimbus, für die Pflegebedürftigen doch nur das Beste zu wollen. Wenn der Gesetzgeber die Worte „Qualität" und „Würde" in seine Gesetze schreibt, macht er sich quasi unangreifbar: Wie könnte auch einer etwas gegen Qualität haben wollen? Das erinnert mich an einen alten chinesischen Spruch: „Wenn du also die besten Reden über Liebe, Pflicht, Gerechtigkeit und Ähnliches hören willst, dann lausche Politikern!"

Ich fühle mich verlassen, überwacht und kontrolliert, in einer verlogenen Welt lebend, die den gesunden Menschenverstand vor langer Zeit an irgendeiner Garderobe weit weg von hier abgehängt hat. Was hat das mit dem Leben und Sterben von Frau Gerber zu tun? Die Prüfer mit ihren Laptops, meist „Ehemalige" aus der Pflege, denen der „Dienst an der Front" irgendwann zu viel geworden ist, zählen ihre Erbsen – „ja", „nein", „nicht zutreffend" – und machen uns das Leben noch schwerer, als es ohnehin schon ist. So wurde die Bürokratie zum Wahn, zur Krankheit, Ausdruck eines Systems, das sich wie ein Krebs in alles Vernünftige, Gute und Lebendige hineinfrisst, das uns frustriert und lähmt. Und ich soll in meinem kleinen Pflegeheim diesen Wahnsinn durchsetzen – jeden Tag, von morgens bis abends, 365 Tage im Jahr. Bis zur nächsten Prüfung. Jeder muss mitmachen, darf auch nicht ein Detail vergessen aufzuschreiben. Wenn die Prüfer dann kommen, zählen sie Tropfen, zählen sie Striche, prüfen sie Einträge, Dienstpläne, Pflegeplanungen, Pflegestandards, Dienstbesprechungen, Pflegevisiten, Gesprächsprotokolle, Bewohnerakten, Flüssigkeits- und Esseneingaben, Stuhlgänge, Urinabgaben, Leitbilder und Konzepte, alles noch so Banale und Beiläufige – ja sogar, ob wir schriftlich festgehalten haben, welche Art von Kosmetika die Pflegebedürftigen am liebsten benutzen möchten (die meisten unserer Bewohner wissen nicht einmal mehr, was Kosmetika sind): Soll es eine weiße Zahncreme sein oder doch die blau-weiß-gestreifte? Es ist absurd.

Diese Mischung aus großer Verantwortung und totaler Fremdbestimmung, aus Sinnlosigkeit und Frustration, Ohnmacht und Wut, Schönsprech und Unwahrhaftigkeit, sie kann einen Menschen in eine tiefe Depression treiben. Bei mir hat nicht mehr viel gefehlt. Ganz sicher frisst sie die Lebensenergie und erstickt die Fröhlichkeit. In Absurdistan lebt man nicht gut. Deshalb reisen so viele aus: Die meisten machen ihren Pflegejob nur ein paar Jahre, dann haben sie die Nase voll.

Unzählige Male führte ich im Kopf bereits Dialoge mit den ungeliebten Prüfern. Man kann leicht in einen solchen mentalen Betriebsmodus verfallen, weil die Konsequenzen ihres Tuns jeden Tag zu fühlen sind, soll man doch die Vorstellungen der Prüfer permanent umsetzen. Meine „Feinde" sind also auch dann noch da, wenn sie das Heim bereits wieder verlassen haben. Ein paar Gedanken genügen schon, um wieder das Gefühl der Wut zu erleben, das so wehtut und die Freude am Leben erstickt. Die Sonne kann noch so schön scheinen – wenn sich diese Gedanken schon auf dem Weg zur Arbeit einstellen, vermiest mir das den Tag, noch bevor er richtig angefangen hat. Es drückt im Bauch, Blutdruck und Puls steigen an, der Muskeltonus erhöht sich, die Hautfeuchtigkeit nimmt zu und ich fühle die Energie des Zorns. Die Laune geht in den Keller. Ein anderes Wort für diesen Vorgang heißt: Stress.

Dem Stress, einer der schlimmsten Keulen der modernen Zivilisation, bin ich viel zu häufig ausgesetzt. Es ist geradezu ein Fluch, der uns physiologisch in einem dauernden Überlebenskampf hält, immer überaktiviert und hypervigilant – alle Alarmleuchten auf „ON". Mein Körper unterscheidet nicht zwischen dem Prüfer des MDK und einer tatsächlichen Gefahr, die Leib und Leben bedroht. In beiden Fällen schüttet er große Mengen an Stresshormonen aus. Was dem Urmenschen der Löwe vor der Höhle war, das sind in unserem „zivilisierten" Dasein die Stressoren des modernen Lebens: Lautstärke, Tempo, Leistungsdruck schon von Kindesbeinen an, anonyme Systemprozesse in Unternehmen, Ärger, Sorgen, MDK. Die Menschen werden krank davon. Immer mehr. Stress verursacht 80% aller Krankheiten und hat in den letzten Jahren dramatisch zugenommen.

Pflegequalitätsprüfungen erzeugen besonders hohen Stress. Wenn man dabei dann noch so tun muss, als sei alles ganz normal und entspannt, dann wird es fast aberwitzig. In einer Prüfung wurde einmal meine Mutter kritisiert, weil sie am Bett stand, während sie der Heimbewohnerin das Essen gab. Die Prüferin fand, dass das unentspannt wirke. Sie solle sich vielmehr in aller Ruhe hinsetzen, denn man wolle, dass die Essenseingabe ganz gelassen und entspannt vonstatten gehe. Das ist eine einigermaßen absurde Vorstellung, wenn man bedenkt, dass in den dünner besetzten

Abendschichten nur drei Pflegekräfte fünfzehn Heimbewohnern das Essen geben müssen. Fünfzehn Menschen, die nicht gerade zu jenen gehören, bei denen die Essenseinnahme ein leichter und problemloser Akt ist. Mich würde heute interessieren, wie meine Mutter die Prüferin angesehen hat. Recht viel Entspannung, so nehme ich an, wird ihr Blick nicht ausgestrahlt haben. Stress eben.

Ich habe viele Menschen kennengelernt, denen es ähnlich geht wie mir. Sie sind wütend, fühlen sich ohnmächtig und fremdgesteuert, nicht als Menschen, die ihr Leben in den eigenen Händen halten. Ein Millionenheer von Erwerbstätigen fühlt sich Arbeitsprozessen ausgesetzt, die sie nicht mehr verstehen, die nicht sinnstiftend sind. Sie sind Teil eines anonymen, gefühllosen und in Kleinteile zerhackten Systems geworden. Und Systeme scheren sich nicht um das Wohlbefinden ihrer Teile, denn es wohnt ihnen die rücksichtslose Tendenz inne, sich selbst zu erhalten. Dazu gehört auch, die Mitglieder des eigenen Systems über die Klinge springen zu lassen und jederzeit durch neue Teile zu ersetzen – ob es nun ein Wirtschaftssystem ist, in dem viele vor die Hunde gehen, oder ein Staatssystem, das Menschen in den Krieg schickt, weil die Politik keinen Frieden machen kann oder will. Ein Konzernmanager mag tausend Entlassungen unterschreiben, doch kümmern ihn die Entlassenen persönlich? Er kennt sie ja noch nicht einmal.

Systeme machen uns zu anonymen Teilen: Von lebendigen Wesen werden wir zu Prozessteilnehmern, die „Performance" liefern müssen. Anstatt Systeme zu schaffen, die uns dienen, müssen wir selbst den Systemen dienen. Verkehrte Welt.

Wenn der Film in meinem Kopf wieder losläuft, bemerke ich das heute schneller, als es früher der Fall war. Dann versuche ich, den Projektor abzuschalten und die Filmrolle auszutauschen. Früher war ich vollkommen verstrickt in den Film. Er lief immer weiter, solange ich als Schauspieler eben mitspielte. Mir ging es elend dabei. Die Beschäftigung mit den Weisheitsschätzen der Menschheit hilft mir heute, achtsamer zu sein, wenn der Wutfilm wieder auf Sendung geht – nicht immer und auch nicht immer vollständig, doch immer öfter und immer besser. Paradoxerweise hört der Film in meinem Kopf nicht auf, wenn ich ihn zu bekämpfen versuche. Gedanken lassen sich eben schlecht mit Gedanken bekämpfen – wer kämpft da gegen wen? Der Film hört erst auf, mich zu quälen, wenn ich vom Schauspieler zum Zuschauer werde, also bewusst auf das schaue, was er auslöst, meine Gefühle also:

„Hallo Wut“, versuche ich mir zu sagen, „da bist du ja wieder. Es ist ok, dass du da bist, du bist ein Teil von mir, meine eigene Energie. Und nun, da du dich mir gezeigt hast, gehe bitte in Frieden. Du weißt doch, dass der Film im Kopf nicht real ist. Das Gespräch, das da gerade mit meinem liebsten Feind läuft, hat so nie stattgefunden. Mein Geist hat es erfunden. Hallo Wut, gehe bitte in Frieden.“

Immer wieder muss ich diese Achtsamkeit üben. Ich sehe meine inneren Feinde an, dann lasse ich sie ziehen. Doch ich weiß, sie kommen wieder. Und ich übe aufs Neue. So verstehe ich die Idee des Loslassens. Der Groll kettet mich an die Vergangenheit, dadurch fühle ich mich im Hier und Jetzt elend.

Doch auch wenn es Wege gibt, mit Wut und Schmerz in der Pflege irgendwie umzugehen: Wozu ist das nötig? Diese Empfindungen machen uns schwach – und wir brauchen all unsere Kraft, um unsere schweren Aufgaben zu erfüllen. Zumal wir so wenige sind. Man sollte uns besser helfen und unterstützen, anstatt uns zu überwachen und zu strafen.

Einmal bat ich eine Prüferin des Medizinischen Dienstes angesichts einer objektiv nicht einlösbaren Forderung: „Bitte erklären Sie mir ganz konkret, wie das möglich sein soll." Sie antwortete kurz: „Das ist nicht meine Aufgabe." Da ist sie wieder, die Wut.

Einatmen, ausatmen und sterben

Geborenwerden ist eigentlich eine ziemlich brutale Angelegenheit, auch dann, wenn liebende Elternherzen das Kind herbeisehnen und mit offenen Armen empfangen: Aus dem wärmenden und schützenden Inneren des Mutterleibes werden wir in die Kälte des Kreißsaales geboren und von der Nabelschnur abgeschnitten – Trennung. Dann atmen wir die kalte Luft von draußen ein, erwärmen sie erst im eigenen Inneren. Unser Leben müssen wir nun selber leben, alleine atmen.

Nach diesem ersten Atemzug geht alles automatisch. Hunderte Millionen Male atmen wir in einem durchschnittlich langen Leben. Immer wieder dringt die äußere Welt tief in unser Inneres ein. Wir nehmen auf, was da draußen ist: Eindrücke, Stoffe, Luft. Wir sind eine halbdurchlässige Membran, nehmen auf, scheiden aus, zutiefst verbunden mit allem, was „da draußen" ist. Aufnehmen und Ausscheiden: Das sind die grundlegendsten und vitalsten Aspekte unseres Lebens. Am Ende sind sie überhaupt alles, was uns bleibt. Und auch sie gehen irgendwann.

Die alten Yogis sagen uns, dass die Natur jedem Einzelnen von uns eine genau zugemessene Zahl von Atemzügen mit auf den Lebensweg gibt, ein „Atemkonto" sozusagen. Damit verbunden ist die Empfehlung, achtsam mit den uns gegebenen Atemzügen umzugehen, also immer wieder bewusst zu atmen – wenn möglich, langsam, gleichmäßig und fein. Die Zahl und Dauer der Züge und die Zeit, die zwischen ihnen liegt, das ist die Lebenszeit. Wollen wir sie zur Gänze mitnehmen, dann sollten wir auf unseren Atem achten. Auf seine Qualität. Auch auf unsere Lungen, denen wir unser Leben verdanken. Das bewusste Atmen ist wohl die am meisten verbreitete Meditationsform in der Welt. Wie viele Atemzüge uns auch zugemessen sein mögen, jeder einzelne, so viel ist sicher, bringt uns dem letzten um jeweils genau einen Atemzug näher.

Der Atem ist buchstäblich ein Übergang von einer Existenzform in die nächste, das Tor zur Welt, so wie er auch ein Tor zu unserem Inneren ist. Hin und her, ewiger Übergang, immerwährende Hingabe: Die Einatmung stirbt für die Ausatmung und die Ausatmung geht für die Einatmung. Das grüne Blatt welkt, wird trocken und braun. Es stirbt im Oktober, damit der Baum am Leben bleibt und im Frühjahr wieder grüne Blätter tragen kann.

Bei der Geburt kommen wir mit der Einatmung ins Leben. Beim Sterben ist es genau umgekehrt. Wir gehen mit der Ausatmung. In unseren letzten Momenten ist das Leben vor allem ein Ringen um den Atem. Die Atemzüge werden immer langsamer. Gehen oft ungeheuer tief, ganz in den Leib hinein. Der Oberkörper wird bei der anstrengenden Einatmung angehoben, die Wirbelsäule krümmt sich, den Kopf drückt es dabei nach hinten ins Kissen. Die letzten Momente. Der Sterbende kämpft um seinen Atem und die Pflegekräfte gegen den Schleim, der den Atemweg versperrt. Immer, wenn ich das sehe, fühle ich den Schleim im eigenen Rachen. Momente ohne Atmung, dann wieder ein tiefes Einsaugen. War dies der letzte Atemzug? Jemand hält die Hand – wenn einer da ist. Manche Menschen können leichter gehen, wenn keiner da ist. Anwesende halten manchmal die Sterbenden fest, halten da fest, wo einer gehen will, gehen muss. Am Ende müssen wir alles loslassen. Irgendwann kommt die letzte Ausatmung, jene, auf die keine neue Einatmung mehr folgt. „Das Leben aushauchen“, sagt eine Redewendung. Sprache kann so weise sein.

In den vielen Jahren haben wir es in unserem Pflegeheim immer geschafft, Sterbenden die Atmung zu erleichtern, damit auch der letzte Atemzug getan und losgelassen werden kann. Keiner ist in unserem Heim erstickt. Doch einer unserer Heimbewohner erstickte im Krankenhaus – eine böse Ironie des Schicksals:

Herr Hegemann war ein schwieriger Mensch. Er hatte Alzheimer. Oft schlug er mit der flachen Hand auf den Tisch, manchmal ohne Unterlass. Laut war das, und er schrie dabei. Er hatte vier Töchter, doch keine besuchte ihn. Nur seine Frau kam oft und regelmäßig. Sie war immer besorgt, geradezu überengagiert. Sie schien ihn sehr zu lieben.

Herr Hegemann hatte Probleme mit dem Schlucken. Immer wieder drohte das Essen, das wir ihm gaben, in den sprichwörtlichen „falschen Hals“ zu geraten. Das Problem wurde so schlimm, dass wir ihn ins Krankenhaus schicken mussten, weil wegen der Nahrung, die in die Lunge geraten war, eine Lungenentzündung drohte. „Geben Sie ihm auf keinen Fall feste Nahrung!“, sagten wir den Ärzten. Er konnte ja kaum Brei schlucken. Er sollte kurz danach im Krankenhaus an einem Stück Hühnchenfleisch ersticken. Warum nur gab man ihm Hühnchen? Das Schicksal schnitt Herrn Hegemanns Atem brutal ab.

Erst nach seinem Tod sahen wir seine Töchter. Wir erfuhren auch, warum sie nie zu Besuch gekommen waren: Über viele Jahre hinweg waren sie sexuell von ihrem Vater missbraucht worden.

Manchmal haben Angehörige das Gefühl, sich dafür rechtfertigen zu müssen, wenn sie selten zu Besuch kommen. Das ist nicht nötig. Alles hat Gründe. Mit dem Urteilen bin ich sehr zurückhaltend geworden. Besser den Balken aus dem eigenen Auge ziehen, bevor man auf die Splitter in den Augen der anderen zeigt. Die meisten Urteile sind bloß Vorurteile.

Was ist der Mensch?
Eine neue Anthropologie

„Sie können hinschauen, wo Sie wollen, da finden Sie doch nirgends Antworten!" Mich berührt, was mein sehr geschätzter früherer Philosophielehrer da am Rande seiner Verabschiedungsfeier als Professor zu mir sagt. Ein ganzes Leben lang hat er mit Forschen und Unterrichten zugebracht. Am Ende dieses Weges scheinen mehr Fragen als Antworten zu stehen. „Ist das Weisheit oder was?", fragt er rhetorisch, und ich denke an die ungeheuren Stoffmassen, die er, wie nur wenige seines Fachs, souverän auslotete und überblickt, ein Wissen, das dennoch keine Antworten parat hat für unser unmittelbares und so überaus konkretes Leben, das wir doch immer subjektiv leben, erfahren, erfühlen und oft auch erleiden. Alle Philosophie und Logik kann uns offenbar nicht helfen, ein erfülltes Leben zu leben.

Philosophie heißt ja bekanntlich soviel wie „Liebe zur Weisheit", doch die Philosophie des Abendlandes erschien mir oft eher eine Betonwüste aus toten Begriffen und Gedankenspielereien zu sein, als dass sie tieferen Wahrheiten auf der Spur wäre. „Du musst später mal Philosophie studieren", riet mir nach meiner Abiturprüfung mein damaliger Ethik-Lehrer. „Aber nur im Nebenfach", ergänzte er, „denn leben kann man davon nicht." In gewisser Weise kam es dann auch so, denn ich studierte Politikwissenschaften, und die Philosophie ist ein wichtiger Bestandteil dieser Disziplin. Man nennt sie dort Politische Theorie. Das Anliegen des Faches ist das Erforschen der Frage, wie Menschen ihr Zusammenleben gestalten können oder sollen. Mehr Frieden und Freiheit kam durch die Politikwissenschaft freilich nicht in die Welt.

Es war das Staunen über ebendiese Wissenschaft beziehungsweise über ihr komplettes Versagen bei zutiefst menschlichen Fragen, ja der menschlichsten Frage überhaupt. Diese Frage aller Fragen lautet: Was ist der Mensch? Als ich nach Antworten in der Philosophie des Abendlandes suchte – angefangen bei den Klassikern der griechischen Antike bis hin zu den modernen Philosophen – hatte ich natürlich auch die Menschen im Kopf, mit denen ich schon so viele Jahre beruflich zu tun habe, die Bewohner unseres Pflegeheims also, von denen Sie in den vergangenen Geschichten einige kennengelernt haben: Frau Gerber, die beim Staubsaugen ins Koma fiel, Frau Auberger, der eine Biene zum Verhängnis wurde, was schließlich ihren Mann in den Freitod trieb. Ich dachte auch an Frau Meinl, die keinen Schmerz mehr spürt oder an Herrn Höffler, der seine Frau nicht mehr erkannte – und an die vielen anderen, zumeist schwerst demenziell erkrankten Menschen, die wir in unserem Heim all die Jahre gepflegt haben.

Warum lohnt es sich überhaupt, der Frage nach dem Wesen des Menschen nachzuspüren? Warum sollte es mich interessieren, was die Menschen über den Menschen an sich früher gedacht haben oder heute denken? Aus einem einfachen Grund: Das Bild, das wir uns von uns selbst machen, unser Menschenbild, das immer auch unser Selbstbild ist, bestimmt ganz entscheidend, was wir in der Welt tun, wie wir miteinander und mit dem Rest der Schöpfung umgehen. Ob bewusst oder unbewusst: Unser Handeln als Einzelne wie auch als Gesellschaft basiert auf dem Menschenbild, auf dem wir Letztere errichten. Menschenbild und Ethik hängen direkt zusammen.

Was hat die Philosophie des Westens nun herausgefunden über den Menschen? Was ist sein Wesen? Was macht den Menschen zum Menschen? So viel vorweg: Nachdem ich mir die Versuche angesehen hatte, das wesenhaft Menschliche zu beschreiben, war ich doch sehr verwundert, denn was ich vorfand, war der in meinen Augen gescheiterte Versuch des Menschen, sein eigenes Wesen zu beschreiben. Stattdessen erfand er ein Bild von sich, eine Selbstbeschreibung, die heute die Begründung dafür abgibt, dass er sich die Welt untertan macht, dass er alles Natürliche, Lebendige und Fühlende, solange es nur nicht-menschlich ist, zu seiner Verfügungsmasse macht.

Doch bevor wir dem nachgehen können, wie die Menschen sich den Menschen denken, und wie fehl sie mir damit zu gehen scheinen, möchte ich uns noch einmal Frau Gerber ins Gedächtnis rufen:

Die Kontrolle über alle wesentlichen Bereiche ihres Körpers hatte sie verloren: Atmen, Essen, Ausscheiden – nichts davon konnte sie autonom bewältigen. Bewegen konnte sie sich gar nicht mehr, nicht einmal ihre Augen.

War sie sich bewusst zu sein, zu leben? Fühlte sie ein „Ich bin“? Keiner weiß das. Reflektieren konnte sie sicher nicht mehr, zu viel Gehirngewebe war untergegangen. Und wenn da noch Gedanken waren, dann wohl keine strukturierten.

Träumte sie? Wir wissen es nicht.

Erkennen war ihr unmöglich, das „Ich sehe, höre und erkenne wieder“ war verloren und die Fähigkeit zur Wahrnehmung dramatisch eingeschränkt.

Begreifen konnte sie nichts mehr, der Satz „Ich verstehe“ hatte in ihrem Leben keine Bedeutung mehr.

Erinnerungen, die aus uns ein Wesen mit Geschichte machen: Wir müssen bezweifeln, dass sie noch welche hatte. Und wenn doch, dann waren sie jedenfalls nicht zugänglich für uns.

Sie konnte keine Zukunft planen: Sie war aus ihrer Innenperspektive daher so zukunftslos, wie sie geschichtslos war.

Frau Gerber konnte nicht mehr kommunizieren, sich nicht mitteilen oder am Leben anderer Anteil nehmen. Sie war vollständig in ihrer Isolation gefangen, jegliches In-Beziehung-Sein zu anderen war unterbrochen.

Alles Handeln war ihr verwehrt. Das „Ich kann!“ war keine Option mehr. Keine Fähigkeit zur Lebensgestaltung war ihr verblieben.

Sogar Glaube, Liebe, Hoffnung, auch diese drei: verloren. Alles weg.

Wenn alles das fort ist – ich bin, ich nehme wahr, ich verstehe, ich erkenne, ich teile mich mit, ich plane, ich kann: Dann bleibt allein der atmende, fühlende Leib. Und mit ihm die Möglichkeit, dass er leidet. Frau Gerber war ein Mensch an der Grenze: An der Grenze des Lebens, an der Grenze zum Tod, an der Grenze des Seins. Ihr Dasein war ein Sein im Äußersten, an der Grenze des Mensch-Seins.

Wie der Mensch über den Menschen denkt

Der äußere Anlass, der mich nach dem Wesen des Menschen suchen ließ, war meine mündliche Doktorprüfung. Ein philosophisches Thema wünschte mein Doktorvater sich von mir. Und mir fiel eben kein kleineres Thema ein. Vor meinem inneren Auge hatte ich dabei stets das Bild von Frau Gerber und der vielen anderen Heimbewohner, denen ich begegnet bin, den Menschen an der Grenze also. Und so stöberte ich in den Entwürfen der philosophischen Anthropologie, jener Disziplin also, die sich mit dem Wesen des Menschen beschäftigt.

Nach einigen Wochen des Lesens und Suchens saß ich dann ziemlich betroffen da: Der Mensch an der Grenze war nirgends zu finden. Wo die Philosophie versucht, das wesenhaft Menschliche festzumachen – das, was den Menschen zum Menschen macht – da begegnete mir immer nur der Mensch im Vollmaß des Lebens: Jung, gesund, denk-, handlungs- und dialogfähig. Nirgendwo fand ich den schwer Dementen oder Komatösen, den geistig Behinderten, das kaum lebensfähige Kind, das mit offenem Rücken oder ohne Großhirn zur Welt kommt. Ich sah weder Peter noch Elias, weder Frau Auberger noch Frau Gerber. Wo ich auch hinsah: Der Mensch an der Grenze war nicht dabei. Ist er vielleicht gar kein Mensch?

Die großen Denker der Antike beschrieben den Menschen als ein Wesen, das sich durch seinen Verstand auszeichnet und durch seinen Bezug zur Gemeinschaft. Das Besondere am Menschen sei es, vernünftig und sozial zu sein. Doch der Mensch an der Grenze hat offensichtlich beides nicht: Weder Vernunft noch Beziehungsfähigkeit. Weder kann er denken oder sprechen, noch an der Gemeinschaft teilhaben. Das Menschenbild der „alten Griechen" hat keinen Platz für den Menschen an der Grenze.

Im Mittelalter spielte das christliche Element eine besonders wichtige Rolle. Ein richtiger Mensch war Christ. Glaube und Herzensbildung also wurden wesentlich für das Menschliche überhaupt. Doch auch hier, wo Gott und Glauben das Fundament des Menschenbildes formen, stehen die Denkfähigkeit und der Gemeinschaftsbezug im Zentrum. Das Selbstbild unterscheidet sich in diesem Punkt nicht sehr von dem der „alten Griechen", es kommt eben nur in christlichem Gewand daher. Der Mensch an der Grenze freilich kann weder glauben oder beten, noch kann er die Messe mit den anderen feiern, denn auch das setzt kognitive Fähigkeiten voraus. Er kann auch in keiner Weise an der Gemeinschaft teilhaben, nicht einmal passiv, denn das setzt ein einigermaßen „funktionierendes" Bewusstsein voraus. Selbst wenn wir ihn in unsere Mitte legen, bleibt er eingekerkert in seiner Isolation.

Auch das Menschenbild der Neuzeit schloss den Menschen an der Grenze aus. Der Mensch begriff sich als ein Wesen, das sich selbst und die Welt deutet und erschafft, als einen echten „Macher" eben. Pico della Mirandola, der gegen Ende des 15. Jahrhunderts starb, scheint mir das auf den Punkt gebracht zu haben, wenn er in seinem berühmten Buch *Über die Würde des Menschen* Gott zum Menschen sagen lässt: „Ich habe dich in die Welt gesetzt, damit du von dort bequem um dich schaust, was es alles in dieser Welt gibt." Die Welt, so klingt es hier an, ist für den Menschen da und nur für ihn. „Schau dich um", sagt Gott sozusagen zu Pico, „und richte dich komfortabel ein. Nimm dir, was du willst, und verfahre damit, wie du möchtest, denn alles das habe ich für dich gemacht!"

Ich fühle eine große Hybris in dem, was Pico hier sagt: Selbstüberhöhung und Machbarkeitswahn, eine Geisteshaltung, die nicht nur den Menschen an der Grenze übersieht, sondern auch alles Lebendige unterjocht und die Natur zerstört. Ich glaube, es ist genau diese Vorstellung, die der Mensch von sich selbst hatte und zur Grundlage seines Handelns machte, die Leonardo da Vinci einst zu seiner düsteren Prophezeiung veranlasste, der Mensch werde zur Befriedigung seiner Gelüste Tod, Drangsal, Angst und Flucht jeglichen lebendigen Wesen bringen – jener Vision, die ich in der Geschichte von Jürgen vorgestellt habe, meinem Bruder, der die Tiere so liebte und der Jahre seines Lebens irgendwie selber ein Mensch an der Grenze war. Pico nannte die nicht-menschlichen Lebewesen der Natur „dumm und nichtsfühlend" und sie sollten es in der Vorstellungswelt des Menschen auch bleiben: Der berühmte und für das westliche Denken so prägende Philosoph René Descartes (†1650) betrachtete sie tatsächlich als Maschinen oder Automaten. Wissenschaftler nagelten sie nun als Forschungsobjekte im großen Stil lebendigen Leibes auf Holzbretter, um sie aufzuschneiden. Dem Menschen, dem Macher, sprach man als einzigem Wesen eine Seele und das Vermögen zu fühlen zu. Der Rest der Schöpfung galt als seelenlos – trotz der Schreie unter dem Skalpell: Diese Geschöpfe waren den Wissenschaftlern nicht mehr als das Quietschen von Zahnrädern. Man sieht an diesem schwärzesten Kapitel der Menschheit, wie Gandhi diese Praxis einmal nannte, was ein Menschenbild anrichten kann.

Und der Mensch an der Grenze? Der ist natürlich auch nirgends zu finden in einer Welt, in der man den Menschen als Denker und

Macher sieht. Frau Gerber deutet weder sich selbst noch ihre Umwelt. Und sie greift auch nicht aus in sie, gestaltet nicht. Sie spricht nicht mit Gott und ganz sicher schaut sie nicht in die Welt, um sich zu fragen: „Was davon nehme ich mir nun als Nächstes?" Wer oder was aber ist sie dann? Wer ist dieser Mensch, der weniger kognitive, emotionale oder soziale Fähigkeiten hat als jede Katze, ein Hund oder irgendein gesundes Tier in unseren Schlachthöfen? Warum verweigert Picos Gott dem Menschen an der Grenze, was er doch dem Menschen an sich zubilligt? Irgendetwas scheint mir da nicht zu stimmen. Was hätten Pico und Descartes wohl über den Menschen gedacht, wenn sie zuvor an Frau Gerbers Bett gestanden hätten – über einen Menschen, der unfähig ist, auch nur die Augen zu bewegen, geschweige denn, zu denken, zu sprechen oder sich seine Welt neu zu erschaffen?

Schließlich: Auch in der Vorstellungswelt der Moderne fand ich den Menschen an der Grenze nicht. Man denkt sich den Menschen an sich dort als eine Art „Mängelwesen", das im Gegensatz zu den Tieren instinktschwach und nicht gut an die Natur angepasst ist: Ohne die Zähne des Hais oder die Krallen des Tigers, ohne das scharfe Auge oder die Flügel des Adlers. Doch dafür ist der Mensch dieser Vorstellung zufolge „weltoffen" und verfügt über Denkvermögen, Vernunft und Intelligenz. Das kompensiert den Mangel und ermöglicht uns, unser Leben als autonome Wesen zu gestalten.

Und schon wieder ist er ganz verloren, der Mensch an der Grenze: Er ist ein „Mängelwesen", doch er kann den Mangel nicht kompensieren. Seinem gelähmten Körper helfen keine Krücken und seinem Geist hilft nichts und niemand mehr. Seine Geschichte ist ebenso verloren wie seine Zukunft. Nicht einmal mehr um den eigenen Tod weiß er noch. Der Mensch an der Grenze ruft den philosophischen Entwürfen die Frage entgegen: „Wo bin ich?“ Und er kann ihnen folgenden Vorwurf machen: „Ihr zerbrecht euch die Köpfe über wohlfeile Begriffe und Definitionen, doch was hilft mir das? Schaut her: Hier bin ich und ich leide!“

Der Mensch an der Grenze liegt heute oft im Pflegeheim. Und er passt so gar nicht in die Definitionen, die der Mensch sich selbst gab. Definieren heißt ja: abgrenzen, eingrenzen. Damit kommt der Verstand sehr gut zurecht, jene Fähigkeit, die wir nur uns selbst zuschreiben und dank derer wir uns für wertvoller halten als alles andere auf der Welt. Doch was interessiert es den klugen Wal, dass ich denke, ich könnte besser denken als er? „Na gut“, mag er mir antworten, „dann lass uns nun tauchen!“ Welche Meinung wird er wohl von uns haben, die wir nur ein oder zwei Minuten die Luft anhalten können? Und warum, so mag er sich im Stillen fragen, stoßen wir ihm ohne Mitgefühl die Harpune in den Leib?

Die sogenannte Intelligenz macht kein Wesen wertvoller als irgendein anderes. Und wenn wir uns auf die religiösen Schriften berufen: Auch diese haben wir selbst geschrieben, fortgeschrieben, abgeschrieben, umgeschrieben und gedeutet, so wie es uns gefiel. Unser Menschenbild ist mehr Erfindung und Behauptung, als dass es echte Wahrheit wäre. In meinen Augen ist es bloß pseudowissenschaftlicher Unfug, der uns als Begründung dient, eben das zu tun, was wir tun wollen und können. Die Wesenhaftigkeit des Menschen aber, die ja für alle Menschen gelten muss und nicht nur für die meisten, haben die bisherigen Menschenbilder nicht erfasst. Sie mögen das Typische beschreiben, doch damit ist das Abgrenzungsproblem nicht gelöst: Wer oder was sind jene Wesen, die sich außerhalb der Grenzen des Typischen befinden? Und was bedeutet das für unser Handeln ihnen gegenüber?

Ein anderes Bild vom Menschen

Wie aber könnten wir den Menschen an der Grenze anders erfassen, als es die Philosophie bisher getan hat, die ihn im Kern entweder als ein Vernunftwesen oder in seinem Bezug zu Gott beschreibt?

Ich will hier versuchen, den Menschen an der Grenze in eine grundlegende Anthropologie einzubetten, das heißt, die Beschreibung des wesenhaft Menschlichen so allgemein und weit zu fassen, dass auch jene Menschen ihren Platz darin finden, denen ich mein Leben lang immer wieder begegnet bin. Ich will dabei nicht der Versuchung erliegen, den Menschen vom Tier abzugrenzen, das scheint die Hauptstrategie der bisherigen Beschreibungsversuche zu sein. Diese Abgrenzung wird sich vielmehr als sinnlos erweisen: Eben sie bietet die ethische Grundlage dafür, dass wir der Welt so viel Schmerz zufügen. Mit einem Menschenbild, das so grundlegend ist, dass es auch den Menschen an der Grenze miteinschließt, müssen wir, so wird sich zeigen, mit ganz anderen Augen auf alle Wesen blicken: Mit den Augen der Demut und des Mitgefühls. Und es führt zu völlig anderen Antworten auf die Frage, was wir tun dürfen oder nicht, als wir sie bis jetzt gefunden haben.

Es sind vier grundlegende Wesensmerkmale, mit denen ich den Menschen an der Grenze beschreiben möchte. Alle anderen Merkmale – jene also, welche die bisherigen Entwürfe zeichnen –, lassen sich bei ihm nicht oder nur bruchstückhaft vorfinden. Diese vier Merkmale sind: Leiblichkeit, Bedürftigkeit, Leidensfähigkeit (oder

der Zustand aktualisierten Leidens) und Endlichkeit. Es sind dies, das springt sofort ins Auge, offensichtlich Merkmale, die nicht nur dem Menschen an der Grenze eigen sind, sondern allen Menschen auf der Welt, ob jung oder alt, krank oder gesund. Mehr noch: Sie gelten sogar für alle fühlenden Wesen, auch für die nicht-menschlichen. Dieser grundlegenden Anthropologie geht es damit um das, was den Wesen gemeinsam ist, nicht um das, was sie trennt. Es ist ein Ansatz, der zur Einheit führt, nicht zur Spaltung. Und ich denke, er ist zwingend.

Leiblichkeit

Zur Tatsache, dass ich eine Person bin, gehört zunächst und ganz vordergründig meine Leiblichkeit: Ich bin, denn ich habe einen Körper. Das gilt natürlich auch dann, wenn ich mir meines Körpers nicht mehr bewusst bin und nicht mehr über ihn nachdenken kann. Ebendas aber betrachtete der bekannte philosophische Anthropologe Helmuth Plessner (1892–1985) als eine wichtige Besonderheit des Menschen: Dass er stets „in einer gewissen Weise neben, hinter, über sich – jedenfalls nicht in sich“ stehen würde. Er meinte damit die Fähigkeit, uns – anders als Nicht-Menschen – in Beziehung zu unserem Körper zu setzen. Plessner wies also auf eine gewisse Distanz zwischen dem Körper und dem hin, was sich als ein darin wohnendes Ich begreift: „Hier bin ich und dort mein Körper.“ Dieses Ich sei damit in einer gewissen „Ortlosigkeit“. Darin klingt an, dass der Mensch nicht richtig in sich zu Hause sei und sich ein solches eben erst erschaffen müsse, was er dank seiner Verstandesfähigkeiten ja dann auch könne.

Obwohl ich aus einer spirituellen Perspektive voll darin zustimmen möchte, dass unser Körper nicht unser eigentliches Zuhause ist, nicht unser endgültiges jedenfalls, so spüre ich in Plessners Idee doch vor allem das Lebensproblem des Denkers: Eines Menschen, der sich seinem Körper entfremdet hat. Für unsere Lebenswirklichkeit sind solche Gedankenspiele jedoch unbedeutend. Man frage einen beliebigen Menschen auf der Straße, wer oder was er denn sei und bitte ihn, zu beschreiben, was ihn zu der Person mache, die er ist oder zu sein glaubt. Er wird wohl kaum sagen: „Schau her, das bin ich, dieser Körper, der hier vor dir steht. Und dieser Körper trägt den Namen soundso …“ Nein, er wird sicher zuerst seinen Namen sagen. Und er muss gar nicht erst dazusagen, dass dieser Name das Schild ist, das um seinen Körper hängt, denn Nicht-Körper tragen ja keine Namen.

Die Leiblichkeit ist eine so offensichtliche Seite unseres Seins, dass wir sie auf die Frage „Wer sind Sie?“ nie thematisieren würden. Das bedeutet aber zugleich: In unserem Selbstverständnis – sei es bewusst oder unbewusst, ausgesprochen oder nicht – kommt der Körper immer zuerst. Wenn ich „Ich“ sage und auf mich zeigen will, dann berührt meine Hand meine Brust. Unsere grundlegendsten Instinkte haben zu tun mit eben dieser Körperlichkeit. Wer schon einmal Todesangst erfahren hat, weiß besonders um die so intensiv gefühlte Verbindung zwischen uns selbst und unserem Körper. In der Todesangst werden wir eins, unser Körper und wir, da gewinnt die Angst selber körperliche Natur. Zwischen dem „Ich habe einen Körper!“ und „Ich bin ein Körper!“ besteht in der Alltagswirklichkeit so gut wie keine Trennungslinie, weil die Identifikation mit dem Körper so stark ist. Wir sind allein deshalb schon, weil wir einen Körper haben. Er ist das klar sichtbare äußere

Anzeichen der Tatsache, dass wir existieren. Die Person tritt als leibliche in die Welt und allen anderen als solche gegenüber, das bedeutet: Auch unser Beziehungsgefüge definiert sich zuerst über unsere Körperlichkeit.

Dass die meisten Menschen sich intellektuell zu ihrem Körper „in Beziehung setzen" können, ihre „Ortlosigkeit" also, kann kaum ein konstitutives Wesensmerkmal sein, schon gar nicht macht es uns zu etwas Besonderem. Unsere Körperlichkeit teilen wir mit allen Wesen. In wie vielen Gewändern es auch daherkommen mag: Es ist lediglich das alte und immer gleich unbefriedigende Argument, der Mensch sei irgendwie anders und damit wertvoller als alle Nicht-Menschen, weil er größere kognitive Fähigkeiten habe – weil er also denken könne. Doch Frau Gerber, die ein Mensch an der Grenze ist, kann nicht denken, glauben, hoffen. Aber sie wohnt zweifellos in einem Körper, wie verletzt er auch sein mag. Sie ist geradezu eingekerkert darin.

Der Körper als ein anthropologischer und die Person als ein ethischer Begriff sind eng miteinander verknüpft. Das wird offensichtlich im Konkreten: Meine Mutter ist und bleibt immer meine Mutter, immer eine konkrete Person, ein Jemand, ganz egal, wie es um ihren Körper steht. Ob er nun gesund, krank, schwerst dement oder komatös ist. Meine Mutter, dieses körperliche Wesen aus Fleisch und Blut, ist eine Person und damit Adressatin ethischen (oder auch unethischen) Handelns. Sie bleibt meine Mutter, unabhängig davon, ob sie sich selbst dessen bewusst ist oder nicht, also auch dann noch, wenn sie mir bei schwerer Demenz einmal in die Augen blicken sollte, um mich zu fragen: „Wer sind Sie denn?"

Was geschieht, wenn wir an das Personsein höhere Anforderungen stellen als die reine Körperlichkeit, wenn zum Beispiel

Kriterien erfüllt sein müssen wie Vernunft, Autonomie, Moralitätsorientierung oder auch ein Gottesbezug? Ganz einfach: Dann sprechen wir allen Menschen, die diese Kriterien nicht erfüllen, ihre Personalität ab und isolieren sie damit von dem Kreis derjenigen, die Anspruch auf Schutz und Würde haben. Nach dieser Logik würde meine Mutter also in einem Zustand schwerer Demenz zum Nicht-Menschen und verlöre so ihre Würde und ihren Schutz. Sie wäre damit den Noch-Menschen ausgeliefert – so wie alle Nicht-Menschen auf der Welt den Noch-Menschen ausgeliefert sind. Der Nicht-Mensch namens Wal, in dessen Leib wir Noch-Menschen Lanzen stoßen, wird das jederzeit bezeugen können.

Das seltsame Wort Noch-Mensch benutze ich hier deshalb, weil eine zu hoch gegriffene Definition vom Menschen mich heute zwar noch Mensch sein lässt, doch morgen schon, wenn ich vielleicht komatös oder dement sein werde, zum Nicht-Menschen machen würde. Mit anderen Worten: Eine zu „anspruchsvolle" Anthropologie (die im Grunde immer eine falsche Anthropologie sein muss) macht uns alle nur zu relativen Menschen und bringt uns ganz und gar in eine Abhängigkeit von unserer körperlich-geistigen Verfassung, die sich über die Zeit ändert. „Mensch auf Zeit" sozusagen, abhängig vom jeweils gültigen Denkmodell. Das wirkt einigermaßen absurd.

Der Mensch hat dies in seiner eigenen Geschichte immer wieder erfahren müssen: Machen wir auch nur ein einziges weiteres Kriterium als den Körper fest, um den Menschen anthropologisch zu fassen – einen Körper, der bekanntlich in einer Vielzahl von Variationen auftaucht: Weiß, schwarz, rot, gelb und so weiter –, dann öffnen sich potenziell die Tore zur Grausamkeit. Wer nicht dem aktuell gültigen Modell entspricht, ist weniger wert und wird zum

Objekt. Es ist dies die Grundlage von Sklaverei, Unterdrückung und Rassismus. Lautet das anthropologische Modell zum Beispiel: „Menschen sind vernünftige Wesen und leben nur in Griechenland oder in Rom“, so werden alle Nicht-Griechen oder Nicht-Römer zu Barbaren und damit zu Objekten, mit denen man willkürlich verfährt. Lautet das Modell: „Menschsein heißt, weiße Haut zu haben“, dann öffnet das der Versklavung der Farbigen Tür und Tor. Sagt man: „Menschsein heißt Christsein“, so dient das der Rechtfertigung des Genozids der Europäer an den amerikanischen Ureinwohnern.

Das grundlegende Problem dreht sich also immer um diese eine Frage: Wer oder was gilt als Mensch? Und daraus leitet sich – natürlich weder intellektuell noch ethisch gerechtfertigt – der Anspruch ab, mit allem, was Nicht-Mensch ist, so zu verfahren, wie wir wollen. Unser brutales Verhalten gegenüber nicht-menschlichen Wesen entpuppt sich damit schlicht als eine verkappte Form rassistischen Denkens: Weil du ein Nicht-Mensch bist, nutze ich, der ich ein Noch-Mensch bin, dich nach Herzenslust aus. Und wenn mir der Sinn danach steht, dann bringe ich dich um – milliardenfach in Schlachthäusern, Versuchslaboren und vielen anderen Orten auf der Welt. Der amerikanische Moralphilosoph Peter Singer nannte dieses Denken in Anlehnung an den Begriff „Rassismus“ einmal „Speziesismus“ und zeigt damit ganz klar, dass beides von der gleichen Geisteshaltung getragen wird.

Noch einmal, weil es so zentral ist und die anderen Kriterien sich direkt daraus ableiten: Bereits die reine Leiblichkeit, so grundlegend sie auch sein mag, macht den Menschen zum Menschen. Fordern wir mehr, geraten wir auf Abwege. Aus dieser Körperlichkeit nun folgt das zweite Wesensmerkmal eines grundlegenden Menschenbildes: Die Bedürftigkeit des Menschen.

Bedürftigkeit

Als bedürftige Wesen beginnen wir unser Leben. Wir werden geboren, geliebt, genährt, gelehrt und beschützt. Ist dem nicht so, werden wir krank oder sterben sogar. Am Ende unseres Lebens dann – und oft auch in langen Zeiträumen dazwischen – sind wir ebenso angewiesen auf die Hilfe und Unterstützung von anderen. Wir können als körperliche Wesen schlicht nicht aus uns selbst für uns selbst existieren. Mir Gedanken über den Menschen an sich zu machen, wäre also sinnlos, wenn ich dabei nicht als grundlegendes Merkmal seine Relationalität mitdenken würde. Wir sind keine isolierten Wesen, sondern leben in Beziehung zu anderen und natürlich auch zur Umwelt.

Wo also die Idee des Menschen als ein Vernunftwesen keine universale Geltung beanspruchen kann, weil eben viele Menschen nicht über Vernunft verfügen, so bleibt ihm doch das Merkmal, ein soziales Wesen zu sein – freilich in einem sehr weit gefassten Sinne. Er muss nicht zwangsläufig aktiv am gesellschaftlichen und sozialen Leben teilnehmen, sondern ist auch ein soziales Wesen im Sinne einer vollkommen passiven Teilhabe, besser noch – eines Teil-Seins. Wir alle, und erst recht der Mensch an der Grenze, sind schlicht und einfach angewiesen auf unseren Nächsten, auf seine Empathie, sein Mitgefühl und seine Hilfsbereitschaft: Das einfache So-Sein des Menschen an der Grenze – sei er nun Säugling oder Sterbender –, verlangt nach dem Da-Sein derer, die zu helfen vermögen, sei es nun individuell oder im Rahmen gesellschaftlicher Gestaltung.

Die Bedürftigkeit als grundlegendes Merkmal des Menschseins ergibt sich unmittelbar aus seiner Körperlichkeit, aus seiner möglichen und immer wieder auch eintretenden Hilflosigkeit und Hinfälligkeit. Diese Hinfälligkeit – beziehungsweise die damit zusammenhängenden Erfahrungen – sind es zugleich, die das dritte Wesensmerkmal ausmachen: Die Leidensfähigkeit.

Leidensfähigkeit

Leiden, sei es körperlich oder psychisch, gehört zum Menschen als eine stets mögliche und immer wieder auch eintretende Grundtatsache seines Seins. Mit anderen Worten: Der Schmerz in der Welt lässt sich nicht dauerhaft vermeiden.

Leidet der Mensch an der Grenze? Meine Erlebnisse zeigen mir eines mit untrüglicher Klarheit: Natürlich! Demenz oder Koma – Leiden ist immer möglich. Und wo wir nicht wissen, ob gelitten wird, da sind wir gut beraten, mögliches Leiden immer zu unterstellen, selbst wenn die messbaren Parameter unserer medizinischen Technologie (die ja immer nur der im Moment als gültig angenommene Stand der Dinge sind), keine Hinweise auf irgendein Erleben liefern können. Vielleicht werden ja nur die falschen Parameter gemessen.

Was geschähe, wenn wir mögliches Leiden im konkreten Einzelfall einfach ausschließen würden? Wir würden schon wieder an eben jener Stelle landen, wo wir ein Wesen zur Nicht-Person erklären: Wir würden den engen Verweisungszusammenhang zwischen Körperlichkeit und Ethik auflösen. Wie können wir je wissen, ob jemand, der sich uns in keiner Weise mitteilen kann, tatsächlich nicht leidet? Was vermögen Hirnströme schon darüber auszusagen, was jemand erlebt? Der Komatöse ist, mehr als jeder, der sprechen kann, auf uns angewiesen, auf unser Da-Sein und Mitgefühl, auf unsere konkrete, leidensmindernde Hilfe.

Denken wir in diesem Zusammenhang nur einmal an die zahlreichen Nahtodberichte, die belegen, dass Menschen ein ungemein reiches inneres Erleben haben können, sogar in Situationen, in denen das EEG die Null-Linie zeigt, jene technologische Definition und Grenzlinie für das, was wir heutzutage unter „Tod" verstehen. Wie wenig tragfähig dieses Verständnis ist, zeigt zum Beispiel das jüngst sehr erfolgreiche Buch des amerikanischen Neurochirurgen Eben Alexander, der von einer beeindruckenden einwöchigen außerkörperlichen Erfahrung während einer normalerweise tödlich verlaufenden Krankheit berichtet. Alexander ist nur einer von vielen, die vergleichbare Erfahrungen gemacht haben. Das Besondere aber ist: Als Hirnchirurg war er vor seiner Erfahrung ein Mann, der immer zutiefst der Meinung war, der Geist entspringe dem materiellen, grobstofflichen Gehirn und sei sozusagen nur das „Nebenprodukt" der sehr komplexen „Maschine Mensch". Wenn das EEG keine elektrische Aktivität des Gehirns mehr anzeigt, so sagt die Wissenschaft, dann kann da nur noch Tod sein. Alexander hat es anders erfahren. Und diese Erfahrung krempelte sein Leben und seine Sicht auf die Dinge vollständig um.

Für den Umgang mit dem Menschen an der Grenze jedenfalls bedeutet das alles: Ob Anenzephalie, schwerste Demenz, Koma oder Null-Linie – wir müssen sein Erleben, vor allem seine Leidensfähigkeit, als Möglichkeit immer unterstellen und sie in unser Handeln einbeziehen, ganz konkret zum Beispiel, indem wir – auch im Sinne einer reinen Prophylaxe – Schmerzmedikamente geben, also mögliches oder tatsächliches Leiden mindern. Ich will nochmals an Frau Gerber erinnern: Sie hatte Schmerzen, ein Umstand, den sie nicht kommunizieren konnte und den man als Betreuender auch nur zu erspüren vermochte, der sich jedoch mit irgendwelchen Meßgeräten nicht hätte nachweisen lassen. Man fand dann, auf unser Insistieren hin, eine Entzündung im Bauchbereich. Also doch – da waren Schmerzen!

Körperlichkeit, Bedürftigkeit und Leidensfähigkeit sind drei grundlegende Tatsachen des menschlichen Lebens. Sie gelten für alle Menschen – für Pico, für Leonardo, für Jürgen, Sie und mich und auch für Frau Gerber. Ein viertes Element aber fehlt noch in dieser Menschenbeschreibung, dem Versuch, das wesenhaft Menschliche im Sinne der elementaren Aspekte, ausgehend von seiner Körperlichkeit, zu fassen. Es ist seine Endlichkeit.

Endlichkeit

Der Körper verfällt, und wir sterben, um nicht zu sagen: Wir verlassen endgültig den abgetragenen grobstofflichen Körper. Die Sterblichkeit unserer körperlichen Hülle ist so grundlegend wie ihre Geburt. Und natürlich ist sie unumgänglich. Die Wissenschaft mag erfinden, was sie will, sie kann Gene manipulieren und sich sogar „künstliche" Lebewesen erschaffen, um sie zu benutzen – Lebewesen, die freilich wie alle anderen Angst und Schmerz fühlen können, daher wird das Benutzen zum Missbrauch. Doch auch das fortgeschrittenste Hantieren mit Genmaterial hat nichts mit der Erschaffung von Leben an sich zu tun. Das Leben selbst, als ein Prinzip des Seins, kann von uns ebensowenig erschaffen werden wie der körperliche Tod ausgemerzt werden kann. Universale Seins-Prinzipien lassen sich nicht außer Kraft setzen.

So oder so: Wir befinden uns direkten Weges auf der Reise in den körperlichen Tod. Und so selbstverständlich wir das auf einer oberflächlichen Ebene auch bejahen mögen („Ja, ich weiß schon!"), so wenig sind wohl die meisten von uns sich dessen wirklich bewusst. Wer integriert schon die eigene Sterblichkeit wirklich in sein Leben? Das würde nämlich bedeuten, sich diese Tatsache jeden Tag aufs Neue bewusst zu machen und den Tod als etwas zu gewärtigen, das potenziell jederzeit eintreten kann. Auf viele Lebensprobleme würden wir sicher anders reagieren, wenn uns jederzeit bewusst wäre, dass wir nur „auf der Durchreise" sind. Im Angesicht des Todes relativiert sich so manches. Würde ich heute tun, was ich tue, wenn ich wüsste, dass ich morgen, nächste Woche oder nächstes Jahr sterben würde? Läge ich in einem Monat auf dem Totenbett und hielte Rückschau: Was würde ich am meisten bereuen? Was würde ich jetzt anders machen wollen?

Wie dem auch sei: Die Endlichkeit teilen alle Menschen. Diese vier also – Körperlichkeit, Bedürftigkeit, Leidensfähigkeit und Endlichkeit, sie formen das universale Bild der menschlichen Existenz. Keiner in der Welt lässt sich finden, für den diese vier Aspekte keine Gültigkeit hätten. Wer mehr verlangt als das, damit der Mensch zum Menschen wird, der verbannt Hunderte von Millionen menschlicher Wesen aus dem Bereich des Menschlichen, nämlich alle Menschen an der Grenze. Das ist ziemlich einfach zu verstehen. Doch die wirklichen Probleme fangen jetzt erst an.

Über die Sinnlosigkeit der Abgrenzung

Wer sich die vier Elemente unseres einfachen Menschenbildes ansieht, wird möglicherweise einwenden, dass Körperlichkeit, Bedürftigkeit, Leidensfähigkeit und Endlichkeit nicht allein auf Menschen zutreffen, sondern ebenso auf Nicht-Menschen, mit anderen Worten: dass mit einer solchen Beschreibung eine Mensch-Tier-Abgrenzung gar nicht mehr möglich sei. Ja, genauso ist es auch. Verlangt man, dass eine Beschreibung des wesenhaft Menschlichen zugleich eine Abgrenzung vom Nicht-Menschlichen leisten muss, dann trifft die Kritik natürlich zu. Zugleich aber offenbart sie ihre eigene Unwissenschaftlichkeit. Denn zu sagen, die Beschreibung des Wesenhaften einer Sache müsse zugleich auf die Abgrenzung von einer anderen Sache hinauslaufen, ist eine reine Forderung oder eine Behauptung, die aufgestellt wird, bevor die Beschreibung geleistet wird, mit anderen Worten: eine Behauptung a priori. Und das ist im höchsten Maße unwissenschaftlich. Was eine Untersuchung der Wesenhaftigkeit am Ende ergibt, kann man nicht schon im Vorhinein festlegen. Das Wesenhafte kann also viel weniger beschrieben werden, als dass es entdeckt werden muss. Diese Entdeckung mag durchaus offenlegen, dass Abgrenzungsversuche – „Der Mensch ist anders und mehr und besser als der Rest der Schöpfung!" –, dass diese Versuche also unsinnig sind und nicht zum Verständnis unserer selbst beitragen, schon gar nicht zu einem ethischeren Leben.

Von der Antike bis heute, so muss ich es sehen, liefen alle Versuche, den Menschen zu beschreiben, ausschließlich darauf hinaus, darzulegen, was an ihm anders sei als an allen anderen Wesen – Wesen, die wir en passant von der Amöbe bis zum Wal in den gleichen Sack stecken, um ein Schild namens „Tier" daranzuhängen. Alle diese Versuche übersehen schlicht Abermillionen von Menschen auf der Welt: Menschen wie Frau Gerber, Frau Auberger oder Elias. Wo man auch hinsieht in der sogenannten philosophischen Anthropologie: Der Mensch an der Grenze ist nicht dabei. Keines der Menschenbilder hat versucht, das „Wesen Mensch" aus sich selbst heraus zu beschreiben. Es ist aber methodisch fragwürdig, das eine immer vom anderen her zu beschreiben, also hier den Menschen, indem man ihn von den Nicht-Menschen unterscheidet.* Der Mensch ist eben nicht sehr gut beschrieben, indem man sagt, was er vermeintlich nicht ist. Wäre der Weg, aufzuzeigen, was er mit den anderen Wesen gemeinsam hat, nicht mindestens ebenso naheliegend – ja, viel naheliegender noch?

Von der Antike bis zur Moderne drückte man sich irgendwie um die Frage, was den Menschen wesenhaft, also grundlegend, ausmacht. Stattdessen beschrieb man nur die augenscheinlich typischen Züge und zeigte in Abgrenzung zum Nicht-Menschen jene Eigenschaften auf, die mehr oder weniger auf viele, vielleicht sogar auf die meisten, zutreffen mögen, aber eben nicht auf alle: Nicht auf Föten oder Säuglinge, seien sie nun gesund oder krank, nicht auf geistig Schwerstbehinderte, nicht auf Demenzkranke oder Komatöse.

---

* In dieser methodischen Schwäche, das sei hier nur nebenbei gesagt, scheint unausgesprochen schon die *gegenseitige Bedingtheit* allen Seins auf: Dass die Dinge einer Ganzheit sich nämlich nicht wirklich auftrennen lassen, drückt sich bereits in der argumentativen Schwäche der anthropologischen Entwürfe aus.

Doch sogar, wenn man den Ansatz, das Menschliche auf dem Wege einer Mensch-Tier-Abgrenzung zu beschreiben, für sinnvoll und wissenschaftlich tragfähig hielte, greift er ins Leere, einfach deshalb, weil man heute mehr denn je weiß, dass Tiere fühlen können und zum Teil über erstaunliche kognitive Fähigkeiten verfügen. Was also Vernunft, Emotion und Sozialität anbelangt, mag der voll entwickelte und gesunde Mensch sich vom Nicht-Menschen zwar hier und dort dem Grade nach unterscheiden, nicht aber dem Prinzip nach. Das ist brisant, denn es ist eben diese Sonderstellung innerhalb der Schöpfung, die wir uns selbst zuschreiben und aus der wir dann meinen ableiten zu können, dass wir mit dem Rest der Schöpfung nach Gutdünken verfahren dürften: Wir behaupten einfach, Tiger, Wal, Affe, Schwein und Rind seien dumm und anders und weniger wert als wir, weil sie nicht reden und keine Bücher schreiben können. Ihr Anders-Sein in Verbindung mit ihrem Schwächer-Sein wird ihnen so zum Verhängnis: Der Mensch verfährt mit ihnen nach Gusto – beutet sie aus, quält sie, benutzt sie, ermordet sie. Doch wenn wir es für legitim halten, so mit fühlenden Nicht-Menschen zu verfahren, woraus leiten wir dann den Schutzanspruch für den Menschen an der Grenze ab, der oft viel weniger emotionale und kognitive Fähigkeiten hat als das gesunde Tier? Da zerrinen die Grundlagen unserer Ethik wie Sand in den Händen!

Vor diesem Hintergrund wird offenbar, dass die bisherigen Selbstbeschreibungsversuche des Menschen vor allem zwei dominante Züge aufweisen: Unwissenheit und Arroganz. Sie dienen ihm dazu, sein zerstörerisches Tun zu rechtfertigen. Genau hier liegt die ethische Brisanz eines Menschenbildes: Es rechtfertigt oder begründet unser Handeln. Es liegt bewusst oder unbewusst allem

Tun zugrunde. Und es hat schlimme Konsequenzen für die Schöpfung, wenn es nichts taugt.

Ein Menschenbild, das Grundlage unseres Selbstverständnisses und damit unseres Handelns sein soll, muss weit zurücktreten, es muss universal sein, also alle Menschen einschließen und damit auch „riskieren“, dass künstlich und unberechtigt hochgehaltene Unterschiede „verschwimmen“. Kann eine Anthropologie diesen universalen Anspruch nicht leisten, so mag sie zwar das Typische beschreiben, auf keinen Fall aber das Wesenhafte. Was als wesenhaft für alle gelten soll, muss umgekehrt auch wesenhaft für den Einzelnen sein, sonst ist es schon rein logisch falsch. So sind alle Versuche, die der Mensch bislang unternahm, um sich selbst zu beschreiben, letztlich nicht mehr als eine Finte: Sie geben vor, das Wesenhafte zu beschreiben, tatsächlich aber umschiffen sie den Kern der Sache!

Folgen für die Ethik

Wäre die Schwäche der bisherigen Selbstentwürfe des Menschen nur eine philosophische Angelegenheit, gäbe es gar kein Problem. „Sollen sich die Denker in ihren Elfenbeintürmen doch die Köpfe einschlagen!“, könnte man sagen. Unser Menschenbild ist aber kein philosophisches Problem, sondern in seinen Folgen eine zutiefst praktische Angelegenheit, denn – das wurde eben schon gesagt – unser Bild von uns selbst liegt unserem Handeln in der Welt zugrunde: Wir tun, was wir tun, weil wir es wollen und es uns erlauben. So verbieten wir auf der einen Seite die Sterbehilfe bei sterbenskranken Apallikern wie Frau Gerber oder Frau Auberger, während wir zugleich 65 Millionen sensible, fühlende und schmerzempfindliche Schweine im Jahr schlachten. Im hektischen Akkordschlachtbetrieb geht es grausam zu: Über 12% der Schweine werden in handgeführten elektrischen Betäubungsanlagen nicht ausreichend narkotisiert. Und auch in automatisierten Anlagen beträgt die Fehlerquote mehr als 3%. So sind die Tiere sehr oft noch bei vollem Bewusstsein, wenn das Transportband sie ins kochende Wasser oder in die Abflammanlage zerrt: Im Sekundentakt also verbrennen wir leidensfähige Wesen bei lebendigem Leibe. Wesen, die über mehr emotionale, kognitive und soziale Kompetenzen verfügen als viele der Menschen, die ich in den letzten fünfundzwanzig Jahren in unserem Pflegeheim betreut habe. Es ist dies nur eines der zahllosen Beispiele massenhaften Missbrauchs fühlender Wesen.

Um hier nicht missverstanden zu werden: Menschen an der Grenze müssen – wie alle Menschen! – Anspruch auf Schutz, Achtung und Würde haben. In unserer Gesellschaft ist dies im Prinzip auch weitgehend gewährleistet. So unbefriedigend die Situation in der gesundheitlichen und pflegerischen Versorgung immer wieder auch sein mag, sind wir uns doch wenigstens im Grundsatz darin einig – und setzen das in unserem Sozialstaat auch so um –, dass schwache Menschen Hilfe benötigen und erhalten. Über das konkrete *Wie* mag man sich in der Politik immer wieder streiten, doch im Blick auf das *Ob* besteht Einigkeit. Aber mit welcher Begründung verweigern wir der nicht-menschlichen Natur ihr eigenes, legitimes Recht, sich zu entfalten und möglichst ohne Angst und Schmerz zu sein?

Die menschlichen Entwürfe einer Selbstbeschreibung mögen uns zwar glauben machen, wir könnten uns die Erde untertan machen, doch sie sind logisch inkonsistent, voller Vorurteile und wissenschaftlich ganz und gar unhaltbar. Sie urteilen a priori. Sie trennen da, wo Einheit ist. Sie zerteilen die Ganzheit; und sie führen in eine ethische Katastrophe massenhaften Leidens, die niemand negieren kann. Es ist das Bild des Menschen von sich selbst, das ihn zum Zerstörer seiner eigenen Umwelt werden lässt - ein Charakterzug, der ihn irgendwann seiner eigenen Lebensressourcen berauben wird, falls er sich nicht eines Besseren besinnt.

Die Grundlagen einer „einfachen" Ethik

In der Ethik geht es um unser Handeln, um das Dürfen und Nichtdürfen, um das Sollen und Müssen, um Tun und Unterlassen. Sehen wir uns mit Blick darauf nochmals die vier grundlegenden Elemente unseres einfachen Menschenbildes an - Körperlichkeit, Bedürftigkeit, Leidensfähigkeit und Endlichkeit - und fragen wir uns, an welcher Stelle sich von dort ausgehend etwas über unser Handeln aussagen lässt. Das ist gar nicht so schwierig, doch es hat fundamentale Konsequenzen für unser Sollen und Dürfen:

Leiblichkeit und Endlichkeit sind zwei Grundtatsachen, an denen wir schlicht nichts ändern können. Sie *sind* einfach, da gibt es nichts zu deuteln. Die beiden Bereiche aber, in denen unser Handeln ins Spiel kommt, sind die Bedürftigkeit und Leidensfähigkeit: Die Bedürftigkeit, also das Angewiesensein des anderen auf unsere Hilfe, begründet die Notwendigkeit, dass wir helfen, und in einem weiter gefassten Sinne auch unsere Pflicht dazu, als Einzelne wie auch als Gesellschaft. Die Leidensfähigkeit gibt uns einen Schlüssel für das Wie unserer Hilfe an die Hand: Nämlich Leid zu vermeiden und zu mindern, wo immer möglich.

Ein universales Menschenbild läuft also am Ende auf ein rein leidensorientiertes Modell der Ethik hinaus. Es ist ein Modell, das die Welt nicht in Mensch und Nicht-Mensch aufteilen muss, um ausschließlich dem Menschen einen Anspruch auf Selbstentfaltung, Integrität und Freiheit von Leid zuzubilligen (und zugleich Menschen, deren Leben nur noch Leiden ist, künstlich und oft auch gegen deren Willen am Leben zu halten), sondern allen fühlenden Wesen. Ein solches Modell ist logisch zwingend, wenn wir Schutz und Freiheit von Leid, soweit es geht, auch dem Menschen an der Grenze zusprechen wollen. Bei allem Tun, so lautet das leitende Prinzip, müssen wir uns diese beiden einfachen Fragen stellen: Leidet da jemand – ein Mensch, ein Tier, ein fühlendes Wesen? Und: Was können wir tun, um dieses Leiden zu verringern oder von vornherein zu vermeiden? Wenn wir dem Menschen an der Grenze Schutz und Freiheit von Leid zusprechen, werden wir keine Begründung mehr finden können, anderen fühlenden Wesen diesen Anspruch zu verweigern. Es sei denn, wir sagen: Wir wollen es. Und wir können es. Das ist grausam. Aber wenigstens ehrlich.

Es erforderte ein eigenes Buch, den weiteren Konsequenzen eines rein leidensorientierten (oder pathozentrischen) Denkens vor dem Hintergrund eines grundlegenden Menschenbildes nachzugehen. Dieser Ansatz wirft Fragen in vielen politisch und gesellschaftlich umstrittenen Bereichen auf, wie zum Beispiel beim Thema der Sterbehilfe oder des Schwangerschaftsabbruchs, bei Gentests an Embryonen, bei Tierversuchen, Umweltausbeutung und -zerstörung, bei der Massentierhaltung und Schlachtung, bei der Nutzung und Verschmutzung der Natur, der Schädigung des Weltklimas und so weiter und so fort.

Wie würde unsere Haltung zu all diesen Fragen wohl aussehen, wenn sie nicht aus der Sicht eines menschlichen Wesens entstünde, das sich auf Grundlage einer meiner Meinung nach unhaltbaren Selbstbeschreibung als vorrangig betrachtet, sondern vor dem Hintergrund dieser Frage: Was bedeutet unser Tun oder Unterlassen im Hinblick auf das möglicherweise dabei entstehende oder zu vermeidende Leiden?

Wir tun, was wir tun, weil wir es können und wollen. Unser Menschenbild von heute ist im Kern das, was es immer war. Wir Menschen haben es jederzeit so gestrickt, dass es uns bestätigt, damit wir demnach eben das tun dürfen, was wir gerne wollen. Wir haben uns selbst einen Freifahrtschein gegeben. Seit Jahrtausenden lügen wir uns damit in die eigenen Taschen und verweigern uns einer ehrlichen Beantwortung brennender Fragen: Warum tun wir, was wir tun? Dürfen wir tun, was wir uns erlauben zu tun? Warum sind wir hier? Was ist unser Lebenszweck? Wer sind wir?

Es ist höchste Zeit, ehrlich in den Spiegel zu schauen. Die Begegnung mit Demenzkranken und Sterbenden sowie dem Leiden in der Welt fordert mit Macht eine Beantwortung dieser Fragen. Ein universales Menschenbild, das zeigt sich, führt uns dorthin, wo die spirituelle Philosophie der Menschen immer hinführt, wenn sie nicht von Institutionen vereinnahmt wird, die Mauern zwischen den Menschen und der Wahrheit errichten: Zu Liebe, Mitgefühl, Vergebung und Güte – zur Erkenntnis und Anerkenntnis, dass wir alle Teil eines großen Ganzen sind. Ein grundlegendes Menschenbild macht uns zu achtsameren Wesen. Ich kann mir nichts denken, was noch wichtiger sein könnte, angesichts der Herausforderungen in der Welt.